우석진
2tokki@gmail.com
www.wooseokjn.com

현재 정보디자인과 커뮤니케이션 전문가로 기업들의 경쟁 제안과 발표, 인포그래픽스 현장에서 컨설팅과 코칭, 강의 활동을 하고 있다. 삼성경제연구소 SERI 우수지식인과 마이크로소프트 MVP로 선정될 만큼 다양한 콘텐츠 개발 능력과 소통 능력을 겸비하고 있는 저자는 브랜딩, 마케팅, 디자인, 스토리텔링, 인포그래픽스 등 현장 경험을 바탕으로 경쟁 커뮤니케이션 현장에서 발생하는 복잡한 문제를 해결해주고 있다. 주요 저서로는 〈one page 인포그래픽스〉, 〈제안력〉, 〈원칙을 넘어선 프레젠테이션〉 등 도서 100여 권과 〈논리와 감성으로 승부하는 스마트 제안전략〉 이러닝과정이 있다.

2012년부터 인포그래픽 실무 정규과정을 운영하고 있다. 한겨레교육문화센터, KG패스원, 디큐브아카데미, 한국인터넷전문가협회 등에서 다양한 커리큘럼으로 만나볼 수 있다.

타이틀 디자인 : 이호(폰트 디자이너)

그림으로 생각하고, 생각을 그려내는

인포그래픽 비주얼씽킹

IDEA BOOK

그림으로 생각하고, 생각을 그려내는
인포그래픽 비주얼 씽킹 IDEA BOOK

2013년 7월 26일 초판 1쇄 발행
지은이 · 우석진
펴낸이 · 우석진
책임편집 · 김효정

펴낸곳·샌들코어
출판신고 제25100-2012-19호(2012년 6월 26일)
경기도 군포시 금정로 33, 101-201
홈페이지 www.sandalcore.com
전 화 02)569-8741
팩 스 02)6442-5013
도서문의 dalgonas@gmail.com

ⓒ 우석진
ISBN 978-89-98001-01-8 13000

이 책은 저작권법에 따라 보호받는 저작물이므로 무단전재와 무단복제를 금지합니다.
이 책 내용의 전부 또는 일부를 이용하려면 반드시 저작권자와 샌들코어의 서면동의를 받아야 합니다.

⦿ 잘못된 책은 구입처에서 바꿔 드립니다.
⦿ 책값은 뒤표지에 있습니다.

이 책의 국립중앙도서관 출판시도서목록(CIP)은 서지정보유통지원시스템 홈페이지(http://seoji.nl.go.kr)와
국가자료공동목록시스템(http://www.nl.go.kr/kolisnet)에서 이용하실 수 있습니다. (CIP제어번호: CIP2013007199)

그림으로 생각하고, 생각을 그려내는

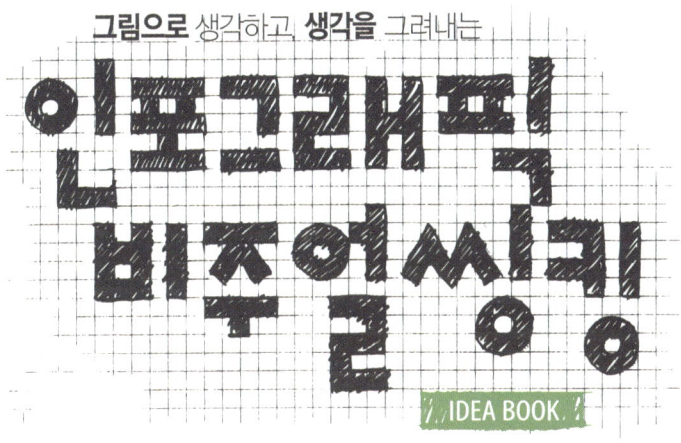

인포그래픽 비주얼씽킹

IDEA BOOK

우석진 지음

샌들코어

비/상/구 ▶▶▶

인포그래픽은
표현의 비상구가 아니다.

생각의 비상구,
정보의 비상구,
설득의 비상구다.

이것이 비주얼 씽킹이 인포그래픽에
간절히 필요한 이유다.

바나나와
인포그래픽
비주얼 씽킹

바나나로 어떤 정보를 상징할 수 있을까?
익숙하면서도 의외성이 넘치는 방법은 없을까?

이런 생각에 바나나를 구매했고,
점차 썩어가는 과정을 촬영하기에 이르렀습니다.
꼬박 40여 일이 걸렸고, 촬영하면서 새로운 정보도 알게 되었습니다.
바나나는 생각했던 것보다 잘 썩지 않는다는 사실입니다.
무엇인가를 하면서 추가로 얻게 되는 지식은 더 재미있습니다.

촬영한 이미지는 국제투명성기구 부패 인식 지수(CPI)를 전달하는 인포그래픽에 사용했고,
조금은 낯설지만 유쾌한 인포그래픽이 만들어졌습니다. (본문 372p 참조)

공감하는 인포그래픽은 비주얼 씽킹을 통하여 유쾌한 의외성을 찾아야 합니다.
누구나 볼 수 있는 익숙함 속에서 의외성을 찾아내는 과정은 우리 모두를 즐겁게 할 것입니다.

여러분의 인포그래픽과 비주얼 씽킹에 익숙함과 의외성이 넘쳐나기를 희망해 봅니다.

저자 우석진
www.wooseokjin.com, 2tokki@gmail.com

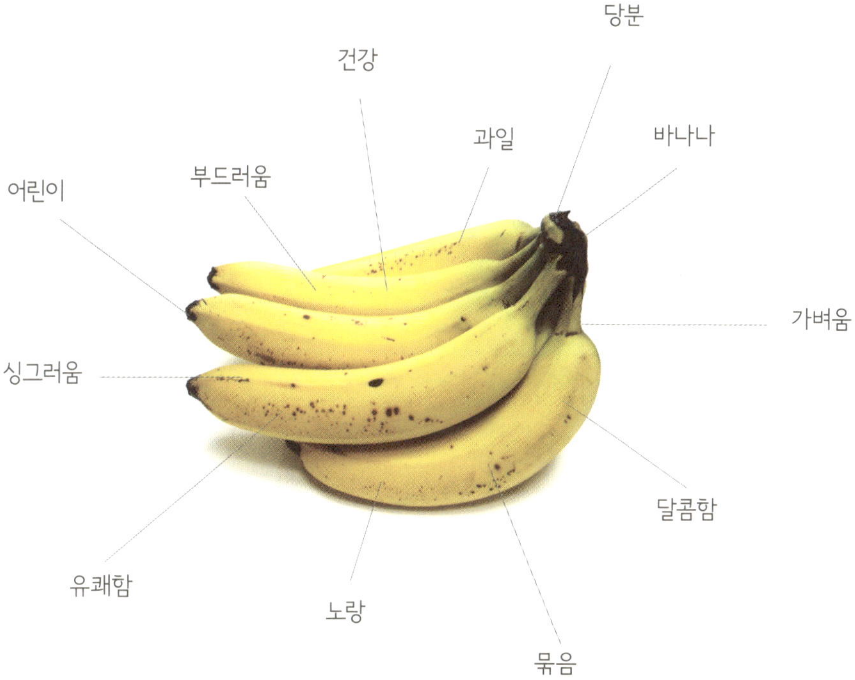

당분

건강

과일

바나나

부드러움

어린이

가벼움

싱그러움

달콤함

유쾌함

노랑

묶음

CONTENTS

PART 01
비주얼 씽킹, 생각의 틀을 바꾸다

018	다른 의미	048	일상의 신호들
020	커피를 즐겁게 만드는 방법	050	나는 무엇을 먼저 봤을까?
022	창의적 아이디어	052	유쾌한 노력들
024	생각의 날개	054	직관의 노력은 새로운 형상으로 완성된다
026	이력서 제출해 주세요	056	무엇을 볼 수 있는가?
028	Think out of the box	058	낙서는 그림이고 생각이다
030	지극히 정상적인 방법	060	말과 글로 설명하기 어려운 것들
032	사각형 이력서, 타원형 이력서	062	생각의 업데이트
034	Visual Resume	064	누군가에게는 다르고, 누군가에게는 똑같다
036	Infographic Facilitator - Length	066	사물로 무엇을 상징하고 표현할 수 있을까?
038	Infographic Facilitator - Weight	068	13억 중국은 어떤 초콜릿을 좋아할까?
040	인포그래픽에 비주얼 씽킹이 절실한 이유	070	사물의 이름은 하나가 아니다
042	인포그래픽 비주얼 씽킹 마인드맵	072	또 다른 이름 찾기
044	좋은 인포그래픽을 위한 7가지 능력	074	토끼풀, 행복, 행운
046	공감하는 인포그래픽을 위한 7가지	076	Time of your life

078	이름을 맞혀보자
080	영감을 얻는 방법
082	봄, 다시 시작하기
084	가을을 그려보자
086	계절에 옷을 입혀보자
088	계절에 소리를 들어보자
090	자작나무의 이름표
092	벚꽃 엔딩
098	정보를 완성하는 것들
104	자세히 보아야 예쁘다
106	제대로 보지 않으면 보이지 않는다
108	일상에서 새로운 것 찾기
110	우측보행

PART 02
비주얼 씽킹, 인포그래픽을 쓰고 그리다

114	터널의 끝
116	마스크
118	생각의 성숙
120	무엇을 드시겠습니까?
122	정보의 오류를 막아주는 고마운 노력들
124	직관의 힘
126	어디로 가십니까?
128	다섯 개의 별
130	펭귄과 노랑은 초보다
132	행복을 그려보세요
138	행복을 다르게 생각하기
140	아이스크림과 1/2 물컵
142	행복한 시간, 우울한 시간
144	행복한 색, 슬픈 색
146	LTE 가입자 수와 초고속 인터넷 시장의 온도

PART 03
비주얼 씽킹, 인포그래픽을 완성하다

148	Happy VS Sad		184	Infographic Great Bear
150	Peace VS Panic		186	관찰하기
152	Future VS Risk		188	상상하기
154	Blue Ocean VS Red Ocean		190	그리기
158	결과 이미지 상상하기		192	정의하고 연결하기
162	오래 쓴 칫솔을 교체하면서 드는 생각		194	표현하고 공유하기
164	업무 생산성 효율 등급		196	인포그래픽을 대하는 나쁜 예 VS 좋은 예
166	패턴 관찰하기		200	그래프에서 나만의 정보 찾기
168	Smart Pattern		202	상상 키워드 추출하기
170	우리 시대의 역설		204	메시지 설계하고 그리기
172	고속도로는 넓어졌지만		206	Smartphone Wars
174	전문가들은 늘어났지만		208	The Winner of Smarter Planet
176	세계평화를 더 많이 얘기하지만		210	주어진 상황에서 무엇을 느낄 수 있을까?
178	로지컬 씽킹과 비주얼 씽킹		212	한국의 아웃도어 시장은 Mystery
180	Thinking DIAMOND		214	한국인 아웃도어 복장은 표고 8,848m

216	불황에도 걱정 없는 '뜨거운' 커피 성장세	254	Vacation Plans
218	국민 한 명이 마시는 커피는 1년에 670잔	258	PC 시대의 종말
220	한 끼 밥은 굶어도 커피는 굶지 않는 사람들	260	스마트 세상이 밀려온다
222	바코드롭 캠페인(Barcodrop Campaign)	262	스마트 폰이 우리에게 주는 100가지
226	소통과 불통의 사이	264	카톡카톡카톡 우리의 대화
230	Mobile Market Share	266	스마트 시대의 대화기술
232	지도 위에 표현하는 정보	272	Stock Wave
234	전체에서 부분으로 표현하는 정보	274	The Law of Leadership
236	메타포로 표현하는 정보	278	Shopping Movement
238	크기로 설명될 수 없는 기술	280	여자에게 쇼핑이란
240	숫자로 보는 라면 50년	282	소비자는 어떻게 물건을 살까?
242	초등학생의 미래 직업	286	국가 브랜드 지표
246	엄마가 원하는 우리 아이 미래의 꿈	288	워드 클라우드로 표현하는 순위
248	초등학생이 원하는 미래의 꿈	290	컬러로 표현하는 순위
250	1년 중 휴일은 얼마나 될까?	292	랜드마크로 표현하는 순위

PART 03
비주얼 씽킹, 인포그래픽을 완성하다

294	국기로 표현하는 순위		340	요즘 잘 주무십니까?
296	리더란 무엇입니까?		342	Beyond YU-NA KIM
304	육각형의 비밀		344	국가별 노동생산성 비교
312	한국인 음식 중 나트륨 1위는 '짬뽕'		346	노동 생산성이 낮은 이유는 뭘까?
314	비교와 대결구도로 표현하는 나트륨 함량		350	노동생산성 체감온도 인포그래픽
318	상징과 메시지로 전달하는 인포그래픽		352	스마트 시대의 일 잘하는 나라는?
320	여기 소금 한 그릇 듬뿍 주세요		354	누가 더 효율적으로 일할까?
322	일주일 동안 드신 소금입니다		356	우리는 얼마나 많은 일을 하고 있을까?
324	과일에 포함된 설탕의 양		358	막대그래프를 원과 그리드로 치환하자
326	콜라에는 얼마나 많은 설탕이 들어있을까?		360	젠가로 설명하는 잡 크래프팅
328	우리에게 다가온 금융부채의 현실		362	Top risers of 2012
330	가계부채 100조 시대		366	키워드와 제목에 맞는 메타포 사용하기
332	빚은 눈덩이와 바퀴벌레다		368	인형 뽑기로 정보를 전달한다면?
334	부채를 바라보는 빙산의 일각		370	지도 위에서 말하는 투명한 나라, 불투명한 나라
336	우리 모두가 보호해야 하는 것들			

- 372 　국가들의 부패 인식지수
- 378 　국회의 여성 의원 비율
- 380 　아직도 여성의 목소리가 더 필요합니다
- 382 　나이테로 완성하는 연혁과 창립기념일
- 384 　우리가 태블릿으로 보내는 시간
- 386 　태블릿 제과점 쿠키의 비밀
- 388 　사칙연산으로 풀어내는 캠페인 인포그래픽
- 390 　스마트폰 생활백서
- 392 　인재와 기술로 중소기업을 구하라
- 394 　타임라인 위에 정보를 담는 방법
- 398 　인포그래픽 비주얼 씽킹 아이디어 스케치

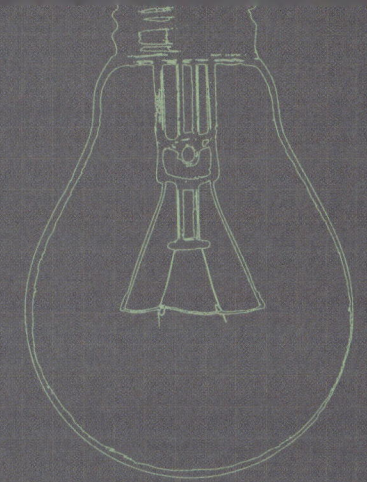

01

비주얼 씽킹,
생각의 틀을 바꾸다.

다른 의미

1월 1일 해맞이,
똑같은 하늘과 해가 눈물 나도록 감동을 주는 이유는
시간적, 물리적 환경이 평소와 다르기 때문이다.

사물은 어디서 어떻게 보느냐에 따라 그 의미가 변한다.

그러므로 비주얼 싱킹은 스킬이 아니다.
새롭고 다른 의미를 찾기 위한 생활의 습관이다.

거제 가거대교의 새해 첫 날 일출

커피를 즐겁게 만드는 방법은
자신이 만든 커피를 마시는 사람의
환한 미소를 상상하는 것이다.

- 일산 카페촌에서 -

소원을 비는 방법은 다양하지만, 목적은 같다.
그 대상이 모두 잘 되고, 행복하기를
마음속으로 그려보기 때문이다.

- 설악산 신흥사에서 -

창의적 아이디어

창의적인 생각은
책상머리와 이론에서 나오지 않는다.
수많은 경험의 조각들이 모여서
잊을 수 없는 아이디어를 만든다.

창의란 경험을 빌려 와 연결하는 것이다.
그러므로 비록 작고 보잘것없어 보일지라도
우리의 경험은 모두 소중한 것이다.

강화도 외포리의 낙조

생각의 날개

똑같은 보고서
똑같은 자기소개
똑같은 프레젠테이션

이제 무엇인가 변화가 필요하다.
생각에 날개를 붙이는 것이 시급하다.

비주얼 싱킹과 인포그래픽은
생각의 날개다.

일러스트레이션 김영란

남을 설득하는 진정한 방법은
자신의 내면에서 외치는 소리를 듣는 것이다.

마음에서 진심으로 말하는 것들을 담아보면
스킬로 무장한 것들보다 훨씬 강하다는 것을 알게 된다.

하지만 현실은 남의 시선과 체면 때문에
자기소개용 레주메 하나도
새롭게 만들지 못한다.

비주얼 씽킹과 인포그래픽은
사람, 직관, 가능성을 믿어야 완성된다.

이력서 새롭게 제출해 주세요.
자기소개용 발표자료도 필요합니다!

예전에 썼던 파일이 어디 있더라?
분명히 엑셀 표로 만들어 두었는데…

Think out of the box

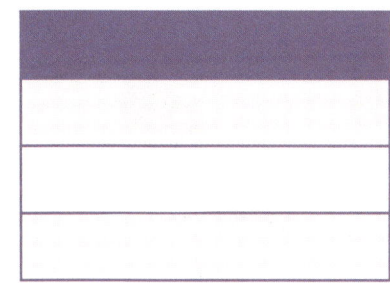

생각이 사각형과 표에 갇히면
빠져나오기란 매우 힘들다.

상자 안에 생각을 두지 말자.
그 속에는 누구나 흔히
할 수 있는 것들뿐이다.

어쩌면 제멋대로 하는 것이
지극히 정상적일지 모른다.

사각형 이력서
표에 갇힌 나의 이력, 남과 같은 방법으로 꾸미기

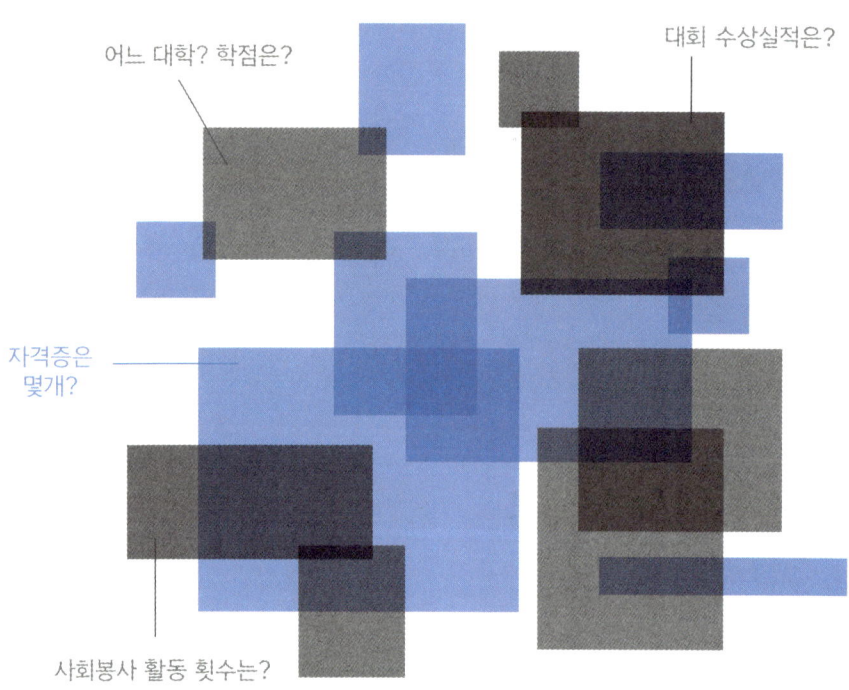

타원형 이력서

내 인생 내 맘대로 말하기, 자존감 펼쳐 보이기

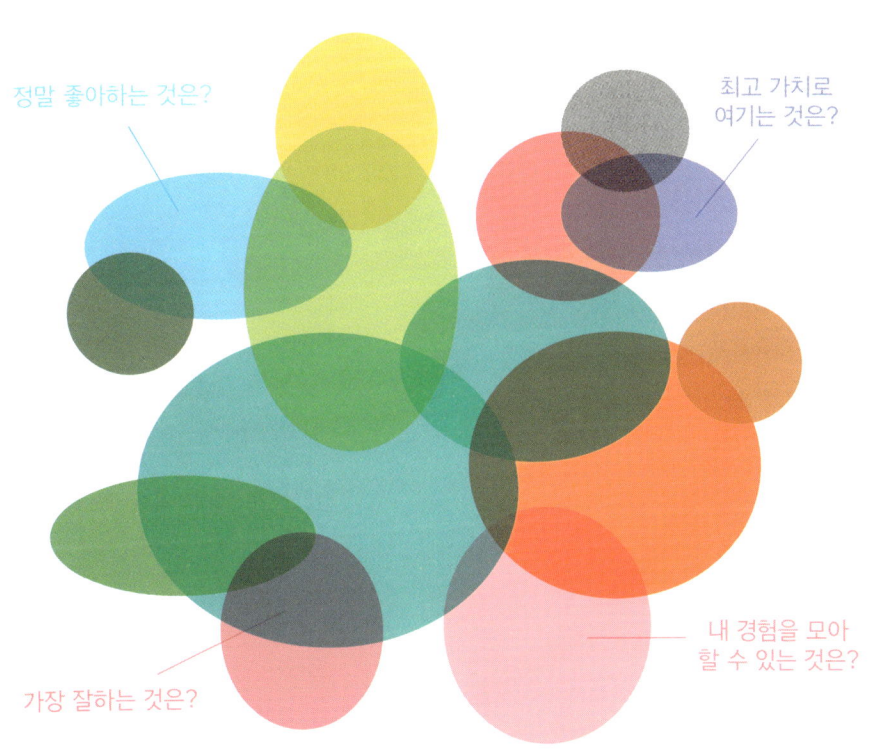

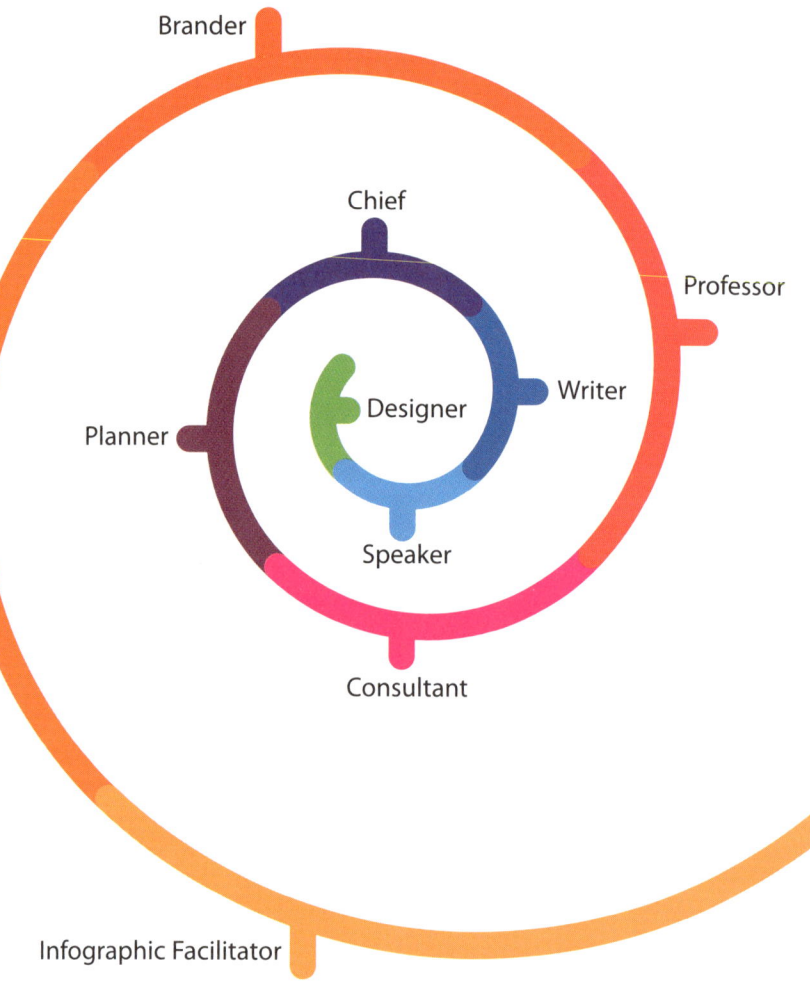

Visual Resume

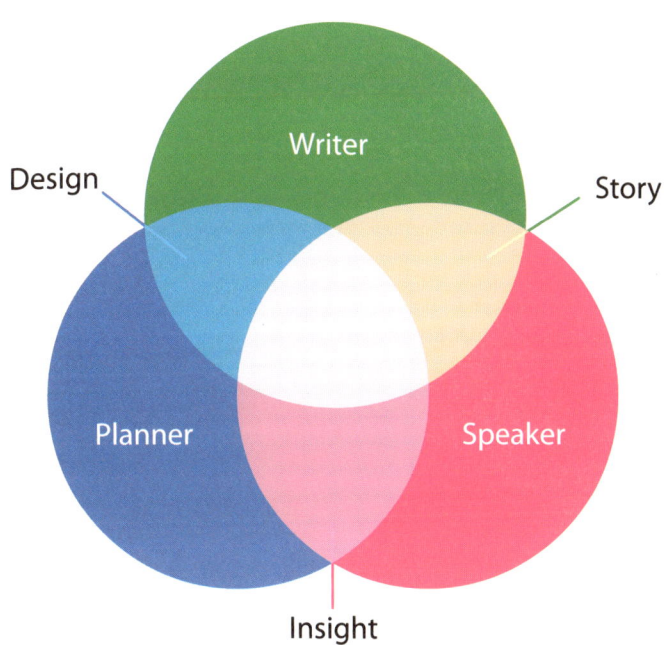

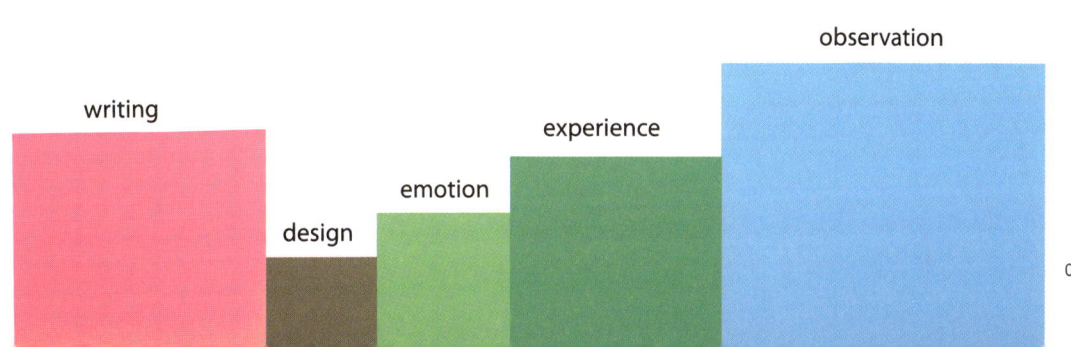

035

length

www.wooseokjin.com
Timeline of Infographic Facilitator

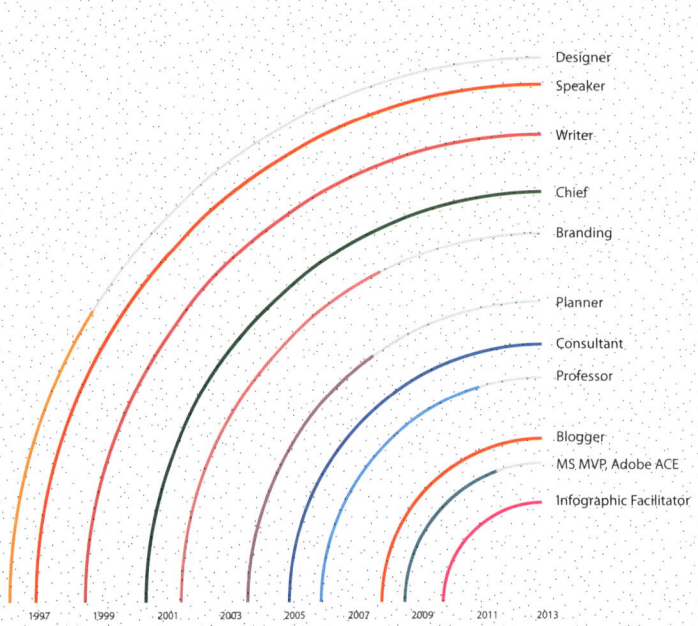

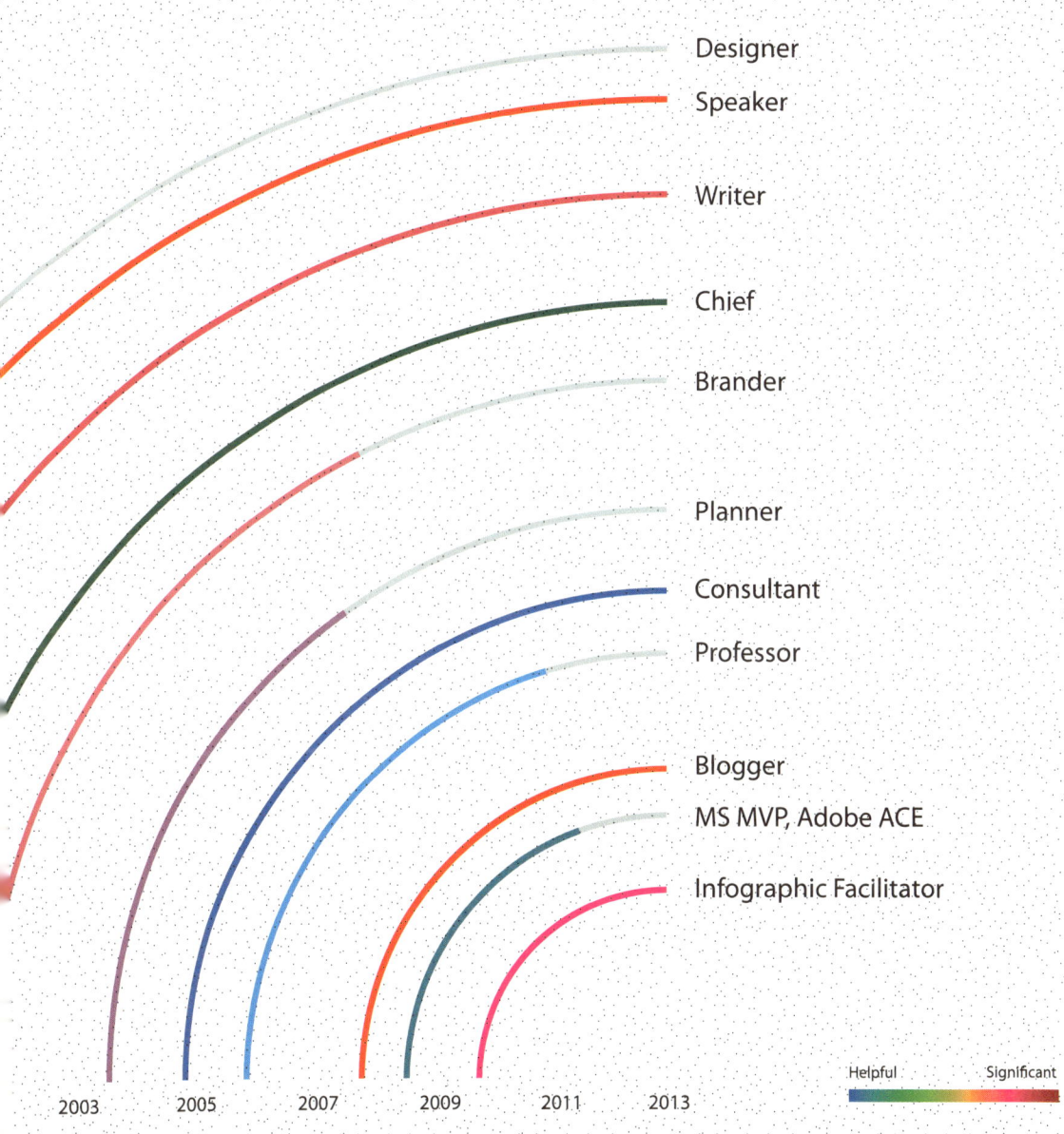

weight

www.wooseokjin.com
Timeline of Infographic Facilitator

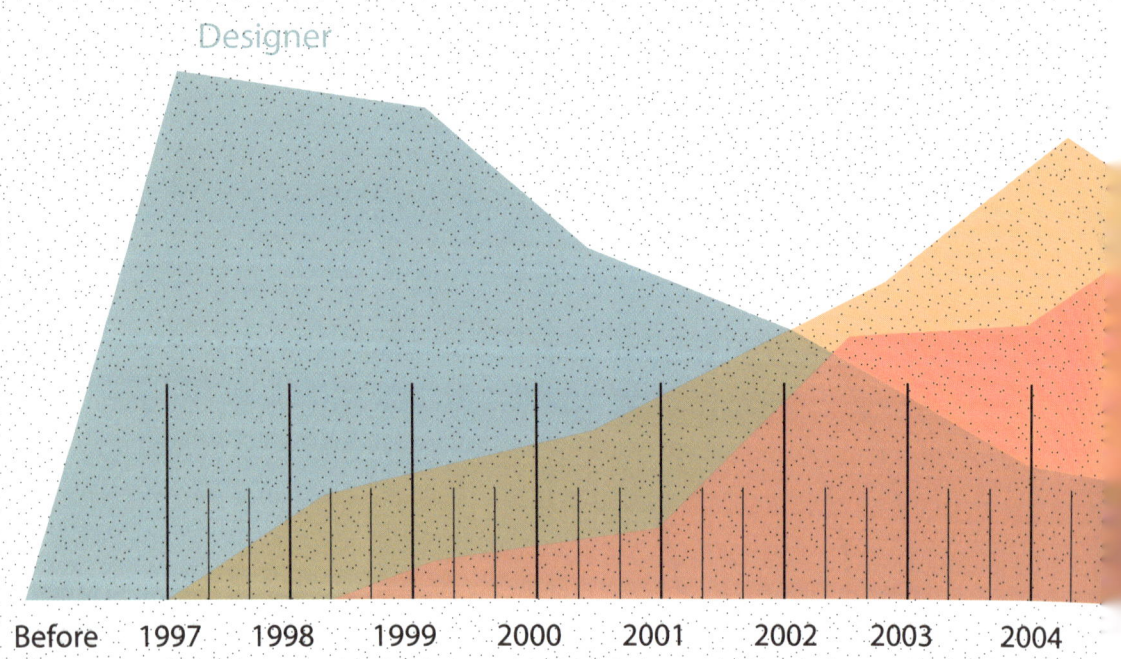

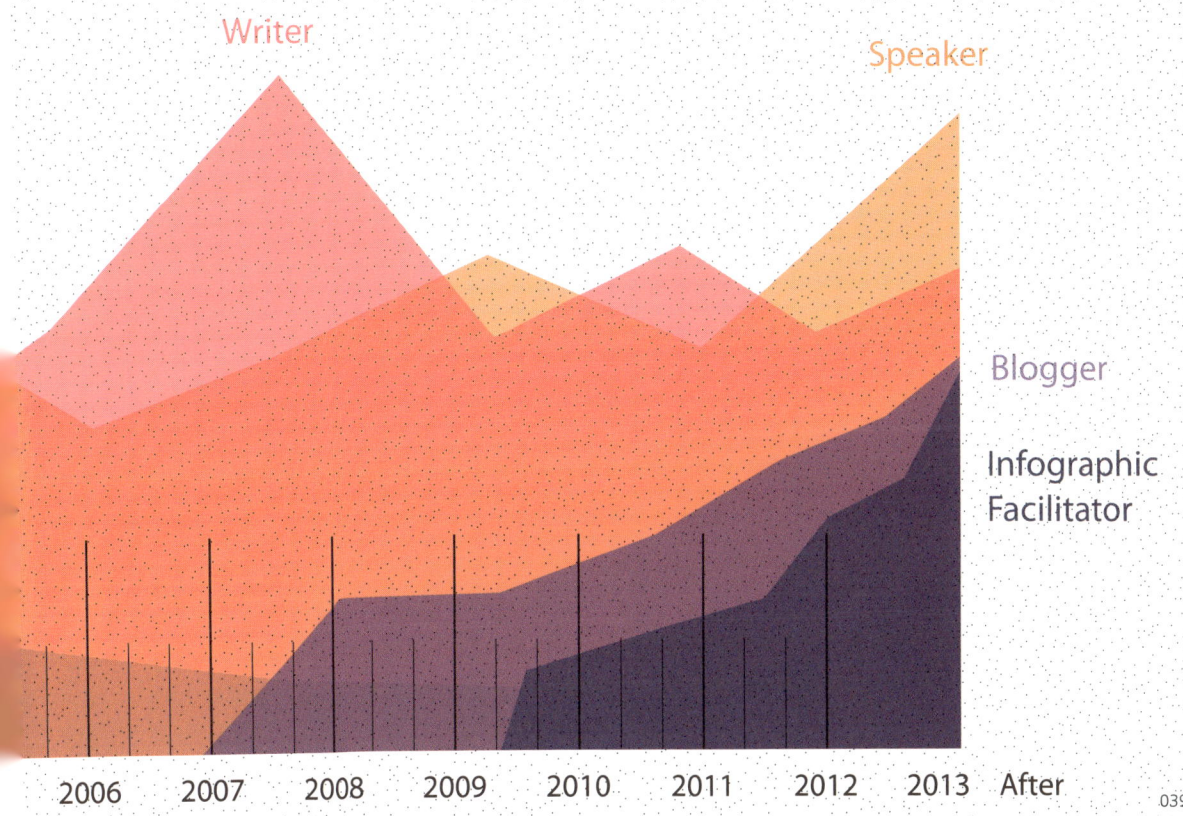

인간이 볼 수 있다는 것은 큰 축복이다.
그래서 인포그래픽에는 비주얼 씽킹이 절실하다.

기원전부터 기호와 그림은
설득의 전부였다.

사람의 의사소통은
그림에서 시작되었다.

수화는 글자보다 비주얼이
빠르다는 것을 알려준다.

가 A 韓
문자들도
눈에 보일 때 비로소 읽힌다.

그림 이미지는
문자보다 빠르다.

비주얼적인 연상과 상징은
상상력을 만든다.

대화도 표정을 보면서
말해야 감정을 읽을 수 있다.

그림으로 표현하면
더 직관적이다.

기호와 숫자도
시각적으로 표현될 때 인식한다.

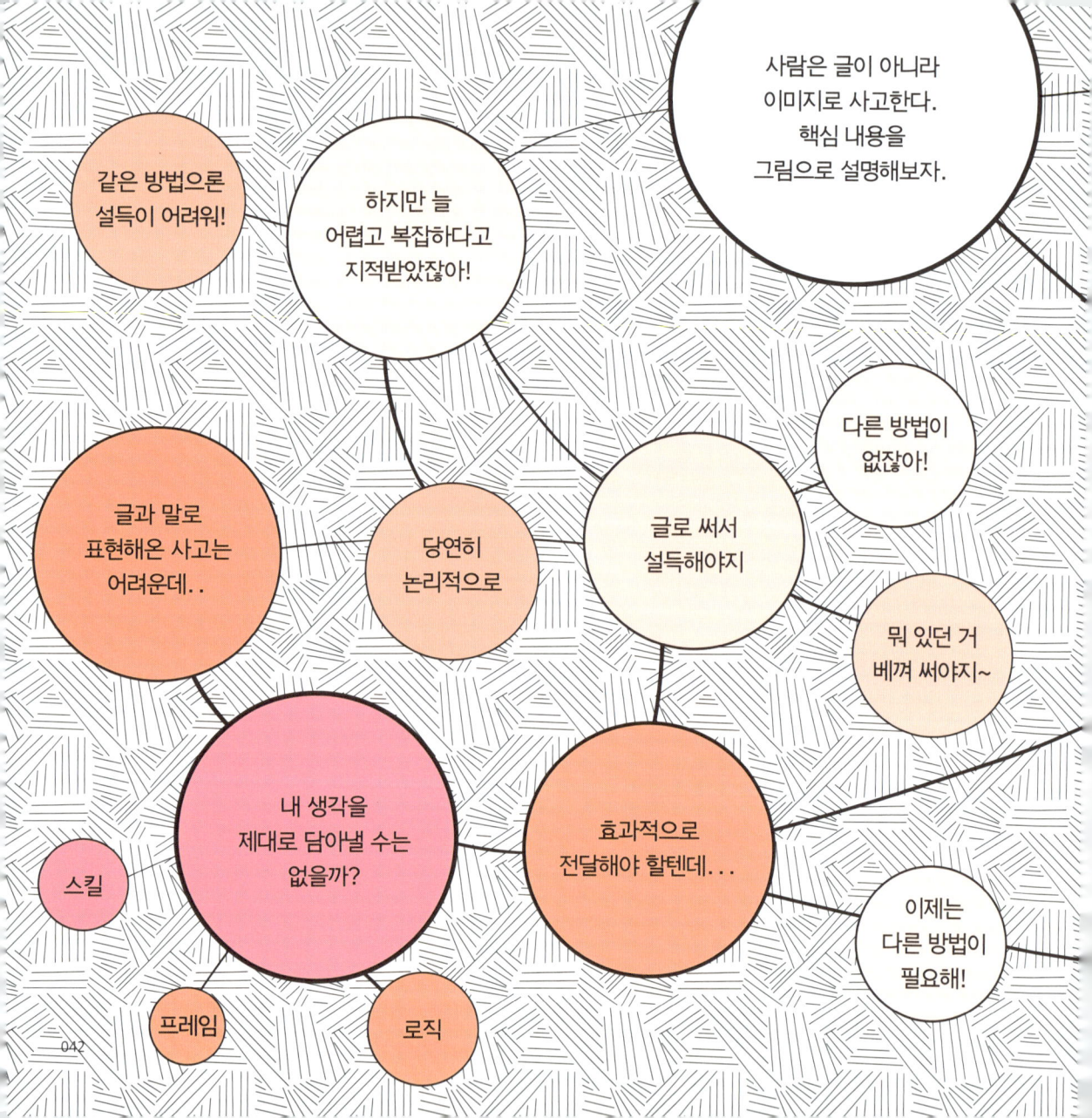

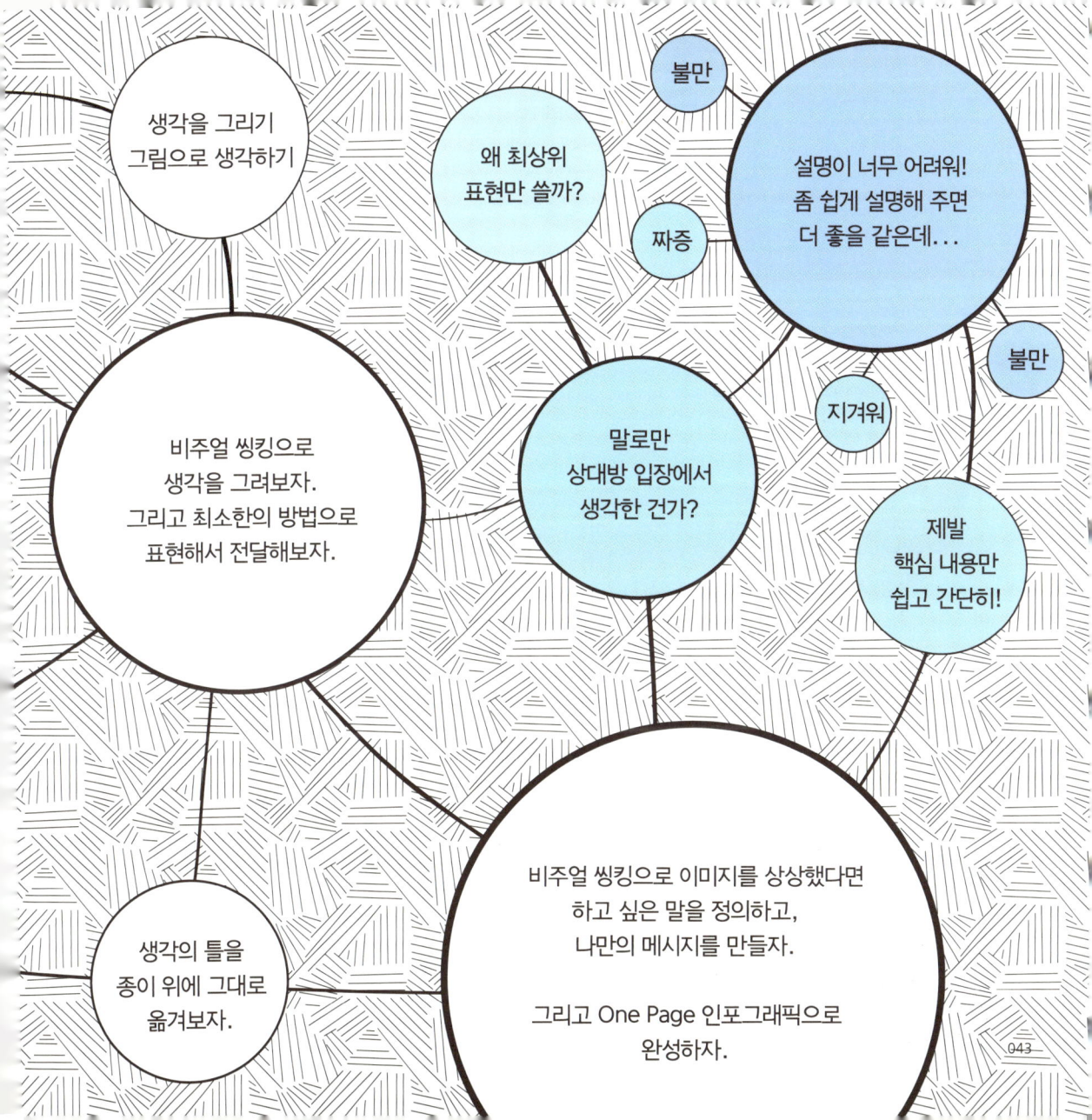

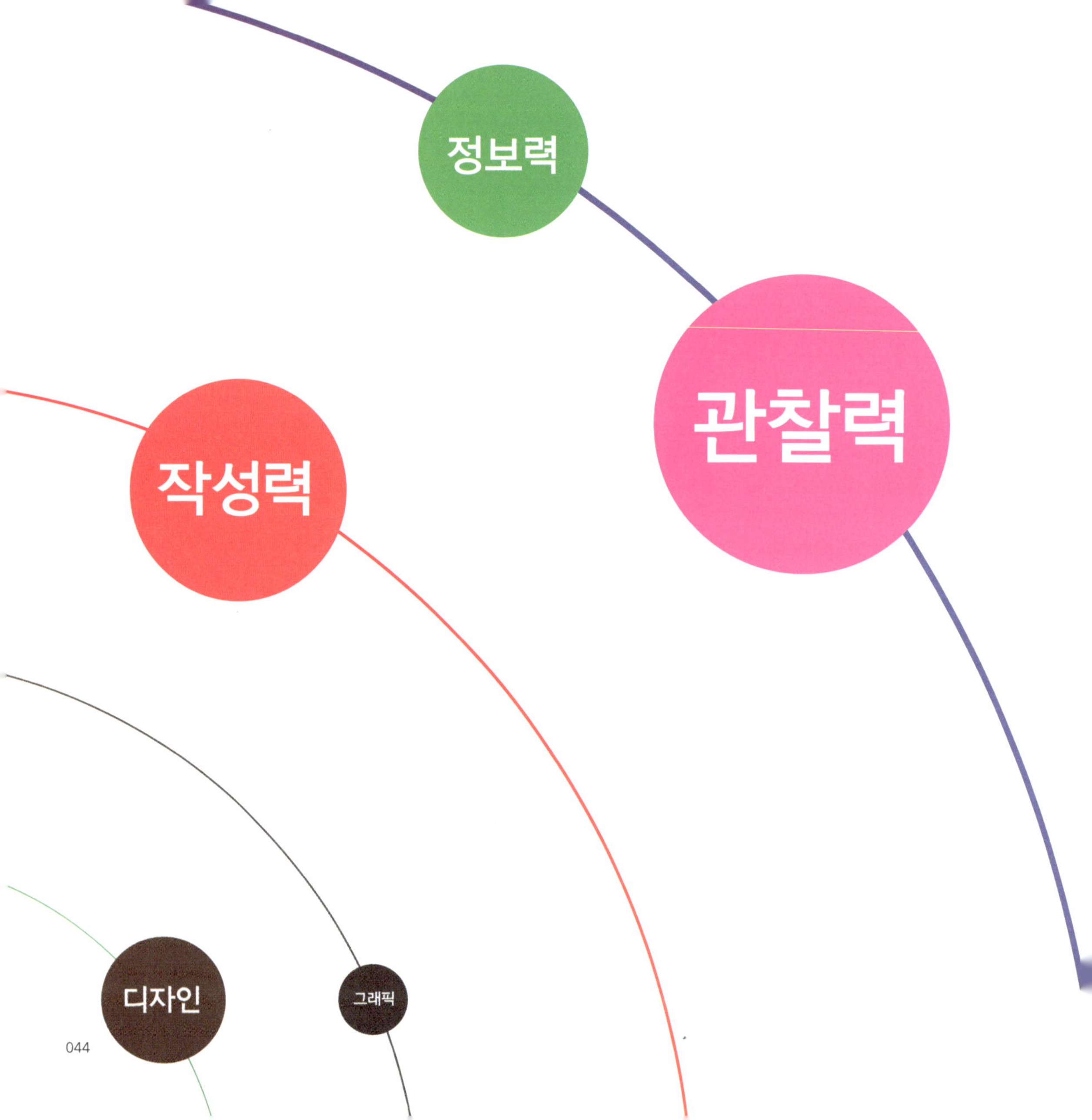

정보력

관찰력

작성력

디자인   그래픽

좋은 인포그래픽을 위한 7가지 능력

그래픽과 디자인 능력이 중요하다고 주장하는 것은
인포그래픽의 표현에 더 치중하고 있기 때문이다.
하지만 인포그래픽의 성공 여부는 청중이 공감하는 정보를
제대로 담고 있느냐에 달려있다.
그러므로 가깝게 느껴지는 항목들이 덜 중요할 수도 있고,
멀리 있는 것이 오히려 더 중요할 수 있다.

정보 만들기

공감하는 인포그래픽을 위한 7가지

우리 일상 속에서의 크고 작은 경험이
공감하는 노래와 소설을 완성하듯
인포그래픽도 크게 다르지 않다.

다르게 관찰하고 정의하여 연결하자.
나부터 공감하는 스토리로 정보를 전달하자.
상상하고, 쓰고, 그리자.

그리기

다르게
관찰하기

디자인

그래픽

나부터
공감하기

상상하기

연결
하기

스스로
정의하기

오늘도 일상에서 마주하는 많은 신호들은
사람들의 생각을 읽고, 그리고 있다.

이미지,
색깔,
경고음,
숫자…

모두 글자보다 빠르고 강하다는
특징을 가지고 있다.

나는 목적지에 가기 위해서
무엇을 먼저 봤을까?

1. 숫자
2. 색깔
3. 화살표
4. 문자

좌충우돌, 도전은 힘들지만 아름답다.
그 길이 아니면 코스를 변경하면 되고,
조금 모자라면 더 노력하면 된다.
비주얼 싱킹을 즐기자.

홈페이지 주소를 함께 표기해주세요.
QR코드가 인식되지 않아요. ㅜ.ㅜ

직관과 노력이라는 점들은 분명 언젠가 새로운 형상으로 완성된다.

'무엇을 볼 수 있는가?'는
상상력과 가능성의 다른 말이다.

무엇으로 보이는가?

누구에게는 고물상 차량이고,
누구에게는 영화 [트랜스포머]의 변신로봇이다.

지금 무엇을 보고 있는가?

낙서는 그림이다. 생각이다.

낙서는 사람들의 욕구를 담아낸다.
낙서는 마음속 이야기를 꺼낸다.
낙서는 상대를 향한 마음을 전달한다.

낙서하듯이 내 생각을 그려보자.

비주얼만 봐도 맛이 느껴지는 것은
배가 고플 때 더 강렬하다.
이런 장면을 글로 설명하기란 쉽지 않다.

- 강화도 석모도에서 -

모든 빨강은 아름답다.
열정과 위험과 맛을 상상하게 해주기 때문이다.
말로 표현이 가능하겠는가?

- 김장 때 맛보는 겉절이 김치 -

생각의 업데이트

새로운 문제를 해결하고자 한다면
예전과 똑같은 생각에서 벗어나야 한다.
나만의 관점으로 꾸준히 업데이트해야만
엉뚱하게 바다 위를 달리는 것을 피할 수 있다.

누군가에게는 다르고,
누군가에게는 똑같다.

50KM 누군가에게는 다르고, 누군가에게는 똑같다.

다음 사물로 표현할 수 있는 정보를 적어보자

이것을 빗대어 전달할 수 있는 메시지를 적어보자

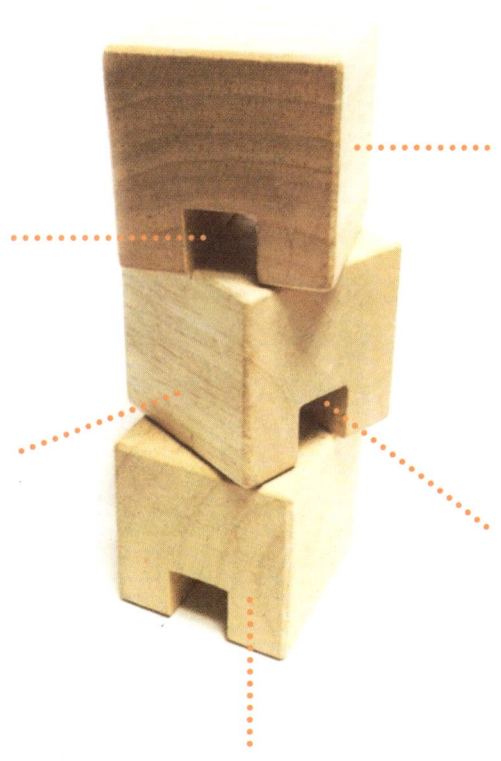

평범한 초콜릿 볼도…

데이터 시각화가
될 수도 있고,

공감하는 인포그래픽으로
완성될 수 있다.

13억 중국은 어떤 초콜릿을 좋아할까?

맛 30%   가격 20.9%   브랜드 20.9%   품질 8.2%   포장 8.2%   기타 11.8%

*Source : KOTRA & globalwindow.org

또 다른 이름 찾기
"모든 일이 술술 잘 풀려라~"

또 다른 이름 찾기
"시계가 아닙니다. 패션입니다."

Time of your life

26세 대학생, 하지만 전 늦었어요.
지금 환경에서 제가 뭘 할 수 있겠어요?

아직 일과를 시작도 하지 않은 이른 시간입니다.
다시 한 번 용기 내어 힘차게 달려보세요.

Time of your life

34살에 새로운 직업에 도전하고 싶은데
미래에 대한 두려움에 갈등이 심합니다.

당신의 인생은 아직 오전 10시 10분입니다.
새롭게 도전할 수 있는 충분한 시간입니다.

영감을 얻는 방법

생각의 기록이 쌓이면
언젠가 하나의 작품이 된다.

새로운 영감을 얻는 방법은
가까이 있다.
나의 생각을 기록하는 것이다

남이섬 2012

가을을 그려보자.

가을은 가을은 노란색
나뭇잎을 보세요.

하늘, 은행잎, 외로움…

활짝핀
꽃잎하나

캘리그래피 이해정

풀잎처럼
새싹

사월처럼 눈부시게

4월에 어울리는 옷을 입혀보자.
그리고 엉뚱한 단어를 붙여보자.
다른 것과의 연결은 감탄을 만든다.

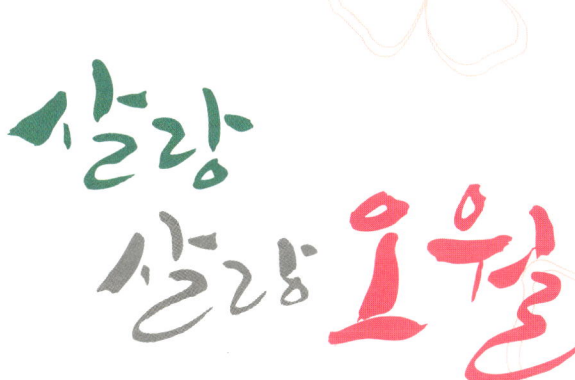

계절의 소리를 들어보자.
그 소리를 그려보자.
그림으로 말해보자.
관찰은 또 다른 영감의 시작이다.

캘리그래피 이해정

자작나무의 이름은
나무가 탈 때 '자작자작' 소리를 내어
탄다고 붙여진 이름입니다.

사람들의 공감을 얻는 방법은
특징을 관찰하고, 오감으로 느끼며,
이미지로 상상해서 그것을 연결하는 것이다.

의왕시 자연학습공원 자작나무 안내 표지 2010

벚꽃
[Cherry Blossom]

순결, 절세미인

벚나무의 꽃, 앵화
화투에서, 벚꽃이 그려져 있는 화투장.
3월이나 세 끗을 나타낸다.

잘못된 표현, '사쿠라'

엔딩
[Ending]

이야기, 영화 등의 결말

끝
끝맺음
마지막 부분
마무리

벚* 꽃* 엔* 딩*

오늘은 우리 같이 걸어요 이 거리를
밤에 들려오는 자장노래 어떤가요
몰랐던 그대와 단 둘이 손 잡고
알 수 없는 이 떨림과 둘이 걸어요

봄바람 휘날리며
흩날리는 벚꽃잎아
울려 퍼질 이 거리를
둘이 걸어요

그대여 우리 이제 손 잡아요 이 거리에
마침 들려오는 사랑 노래 어떤가요
사랑하는 그대와 단둘이 손잡고
알 수 없는 이 거리를 둘이 걸어요

봄바람 휘날리며
흩날리는 벚꽃 잎이
울려 퍼질 이 거리를
둘이 걸어요

바람 불면 울렁이는 기분 탓에 나도 모르게
바람 불면 저편에서 그대여 니 모습이 자꾸 겹쳐
또 울렁이는 기분 탓에 나도 모르게
바람 불면 저편에서 그대여 니 모습이 자꾸 겹쳐

사랑하는 연인들이 많군요 알 수 없는 친구들이 많아요
흩날리는 벚꽃 잎이 많군요 좋아요

봄바람 휘날리며
흩날리는 벚꽃 잎이
울려 퍼질 이 거리를
둘이 걸어요

그대여 그대여 그대여 그대여 그대여

- 벚꽃엔딩, 버스커버스커 -

지금 빨리 '가지'를 제대로 설명해 보라.

쌍떡잎식물 통화식물목 가지과의 한해살이풀.
고온성 작물로 우리나라의 여름에 어울리는
열매채소. - 백과사전 -

사물은 백과사전으로 상상이 되지 않는다.
방금 머릿속에 떠오르는 것을 말하는 것이
현명하다.

오동통한
끝이 뾰족한 긴 달걀 모양
연두 꼭지
자줏빛의 향연

'피망'을 완성하는 것들

노랑, 빨강, 초록
둥글둥글한
싱그러움, 귀여움

보기는 좋은데
먹고 싶지는 않은

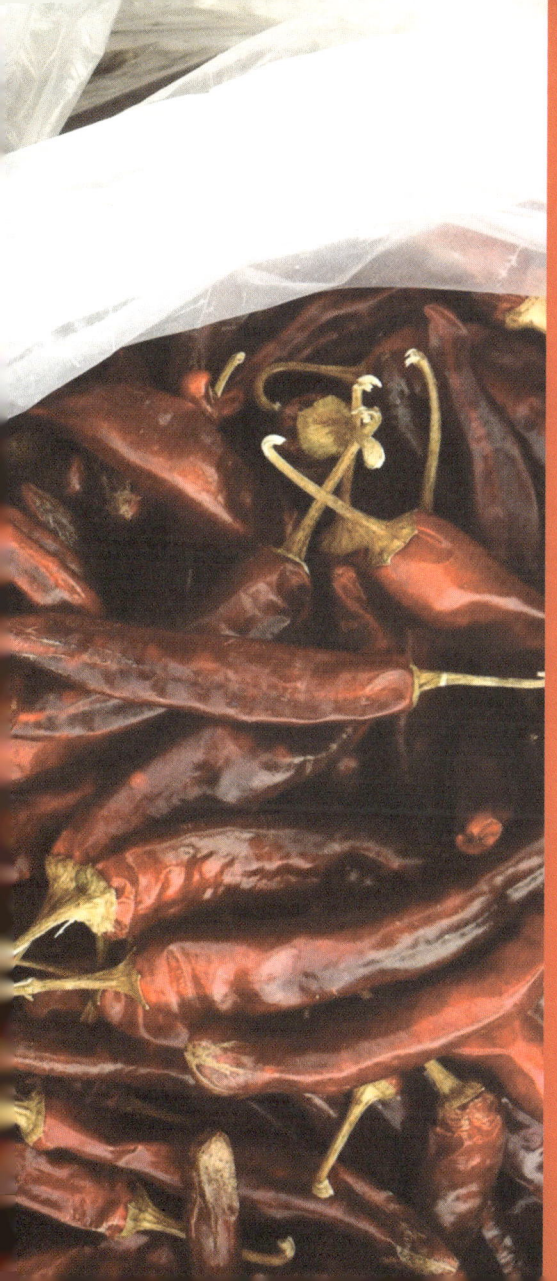

'고추'를 완성하는 것들

초록, 또는 진한 빨강
맵고 강렬한
한국 사람
생각만 해도 짜릿한

생각만 해도 맵다.

관찰에 답이 있다.
비주얼 씽킹은 무엇을 어떻게
볼 수 있느냐에 대한 답이다.

광화문 교보문고 글판 2012, 나태주〈풀꽃〉

일상의 아름다움은
제대로 보지 않으면 보이지 않는다.

거제 공곶이와 소매물도의 풍경 2011, 우석진

늘 보던 일상의 풍경에서
새로운 것을 찾을 수 있다면 행복하다.
그 속에서 나만의 것을 발견한다면 더욱 희망적이다.

우측보행

우측보행은 마음대로 되지 않는다.
비주얼 씽킹도 마찬가지다.
제도는 쉽게 바꿀 수 있지만, 행동은 쉽게 바뀌지 않는다.
오랜 습관이라는 갑옷을 벗어 던지는 노력과
한 계단씩 밟고 올라가는 실행력이 필요하다.

자신을 믿고 한 걸음씩.

02

비주얼 씽킹,
인포래픽을 쓰고 그리다.

터널의 끝

어두운 터널이 두렵지 않은 것은
곧 밝은 빛을 볼 수 있다는 희망 때문이다.

소통과 설득도 긴 터널과 같다.
어려울수록 긍정적인 결과를 상상하고 그려야 하기 때문이다

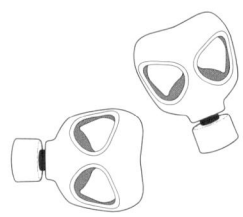

Mask

생각을 그리고 쓴다는 것은
내 마음의 소리를 들어보는 것과 같다.

우리가 알게 모르게 써왔던 가면을
잠시 벗고 직감의 소리를 듣는 시간이다.

형식의 거품이 빠지고,
최상위 표현들로 무장했던 어깨의 힘을 빼면
더 선명하고 따뜻한 소리를 들을 수 있다.

*Source : www.openclipart.org_muga

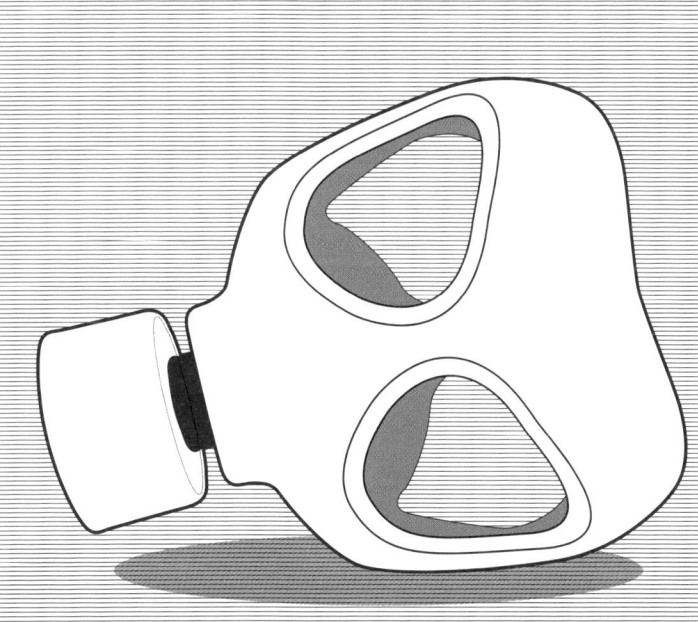

생각의 성숙

아이들에게 말도 안 되는 상상이란 없다.
완전한 것을 보여줘야 한다는 어른들의 생각이
오히려 말도 안 되는 것이다.

아이들이그린 자화상, 한국 만화 100년, 국립현대미술관 2009

무엇을 드시겠습니까?

'오늘 또 뭐 먹지?'라는
직장인의 고민과
실시간 검색어, 화살표 조합은
멋진 정보디자인 결과를 만들어 낸다

서울세관 앞 식당의 점심 메뉴판

시간 주문 급상승 메뉴

황제갈비탕	7,000원	↑ 129
떡갈비정식	7,000원	↑ 531
보쌈정식	7,000원	↑ 962
양푼김치찌개	6,000원	↑ 322
야채비빔밥	6,000원	↑ 188
팸주먹밥	6,000원	↑ 769
육직화볶음		

정보의 오류를 막아주는
고마운 노력들

춘천고속도로 설악면 표지판
2013년에는 '가평군'으로 표기가 변경되었다.

직관의 힘

비닐하우스를 지었다.
비닐을 붙잡고 어디가 밖이고, 어디가 안쪽인지 몰라 헤매던 중
만든이의 배려가 느껴지는 문구를 발견했다.
사용자 입장에서 문제를 고민하는 시각적 사고는
수백억 짜리 명품 제안에만 있는 것이 아니었다.

125

어디로 가십니까?

1차 정보 – 목표
목적지(OOO행)

2차 정보 – 거리
전역
전 전역
3전역
4전역
5전역

3차 정보 – 상태
출발, 도착, 접근

대한민국 4호선 지하철 금정역

다섯 개의 별

다섯 개의 별점

다섯 개의 무궁화

최고를 가늠해주는 상징들은

현재의 상태를 쉽게 알려준다.

펭귄, 비둘기, 노랑은 초보다.
비유와 상징을 연결하면 직관력은 업그레이드된다.

평창 휘닉스파크 스키 리프트

'행복한'을 그려보세요!

‘행복한’을 비주얼 씽킹하면
어떤 단어가 떠오르나요?

행복한

행복한

비주얼 씽킹 교육에서 95%의 사람들은 스마일을 그렸다

5%의 사람들만 다른 것을 그렸다.
그렇다면 다른 것을 연상하여 그릴 수 있었던 이유는 무엇일까?

사우나 오렌지
행복한 살인미소 월급
행복한
꺄악~ 용돈
머니머니
웃음 행복한 노랑
정상 아이스크림
해피데이 합격자
쇼핑 당선
솜사탕 원피스 행복한
흐뭇한
핑크 행복한 선물 군침

Happy   Sad

기회가 많은   기회를 잃은

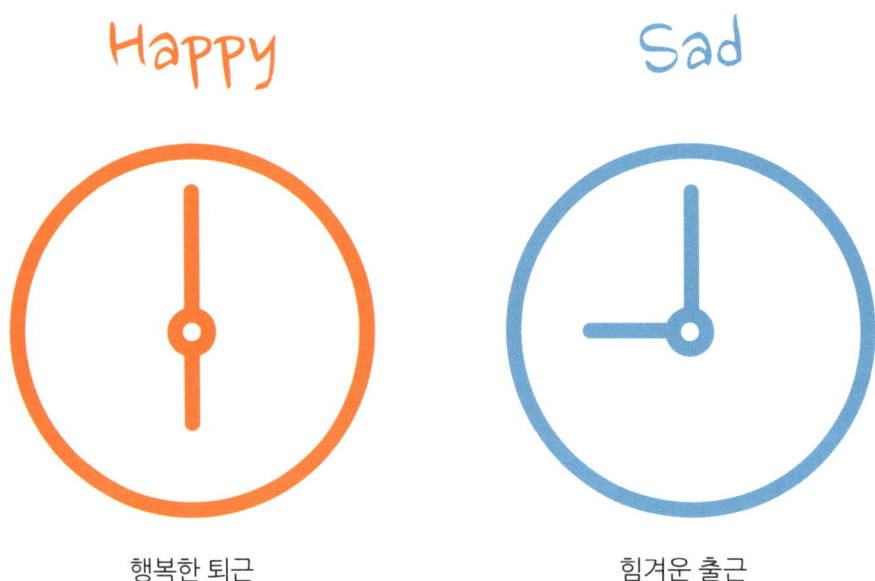

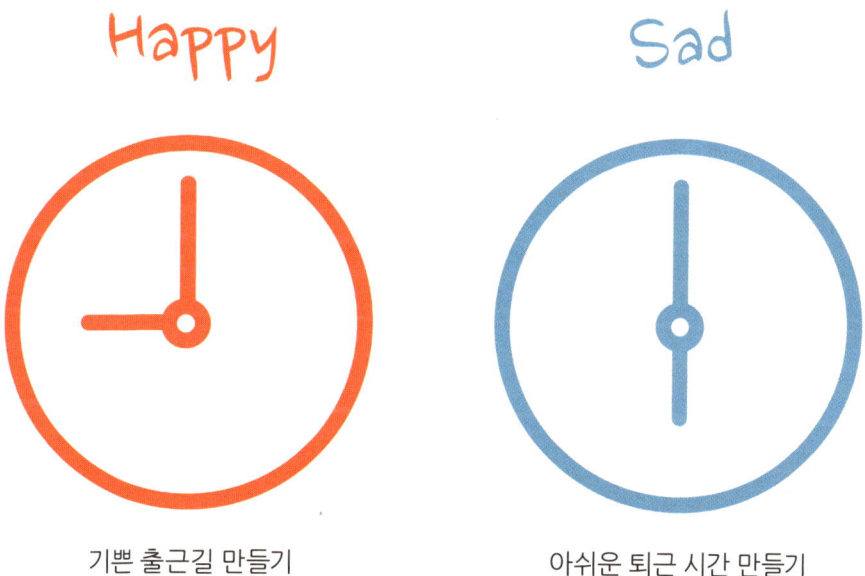

Happy

Sad

전 세계 LTE 가입자 수 전망 (단위: 천 명)

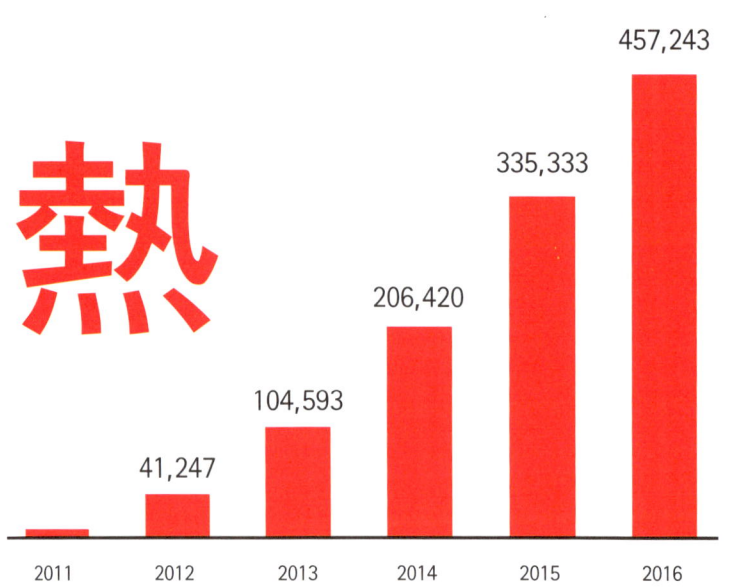

연도	가입자 수
2011	-
2012	41,247
2013	104,593
2014	206,420
2015	335,333
2016	457,243

*Source : Gartner, KT경제경영연구소, 2013. 4. 2

초고속 인터넷 시장 매출(2012)

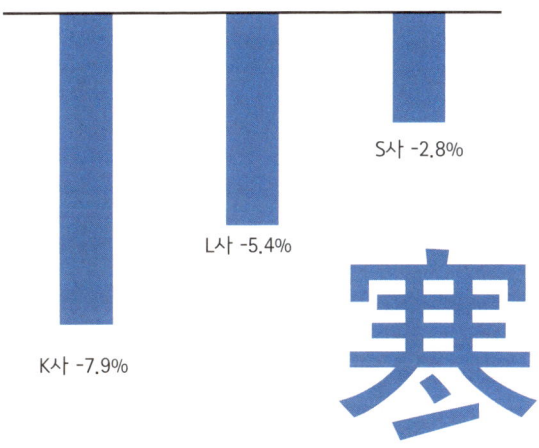

S사 -2.8%

L사 -5.4%

K사 -7.9%

寒

*Source : 소비자가만드는신문, 2013. 4. 10

Happy

Sad

Peace

Panic

RISK

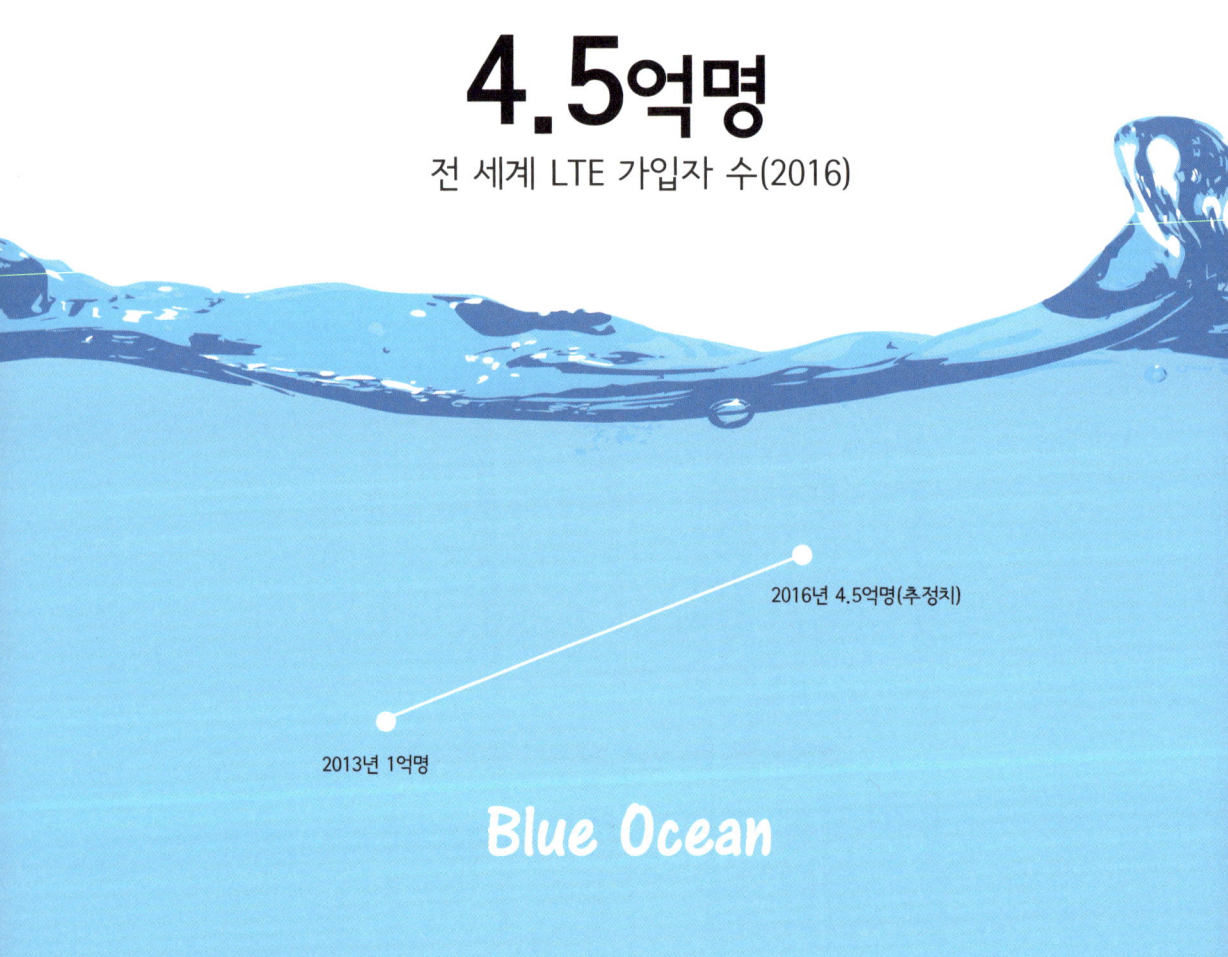

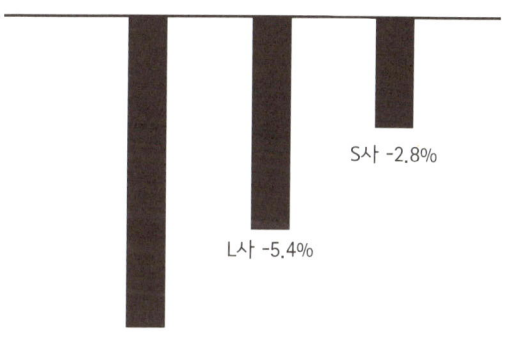

오래 쓴 칫솔을 교체하면서 드는 생각 01

'닳아버린 칫솔은 무엇과 같을까?'

오래 쓴 칫솔을 교체하면서 드는 생각 02

'현재 상태를 직관적으로 보여줄 수 있다면…'

업무 생산성 효율 등급

현재 PM들의
과도한 중복 업무가
지속되고 있습니다.

업무 생산성 효율 등급

새로운 제도 개선으로
업무 생산성을
최적화시켜야 합니다.

늘 사용하는 패턴

풀어야만 하는 비밀번호

다음 작업을 위한 열쇠

문제 해결을 위한 핵심 요소

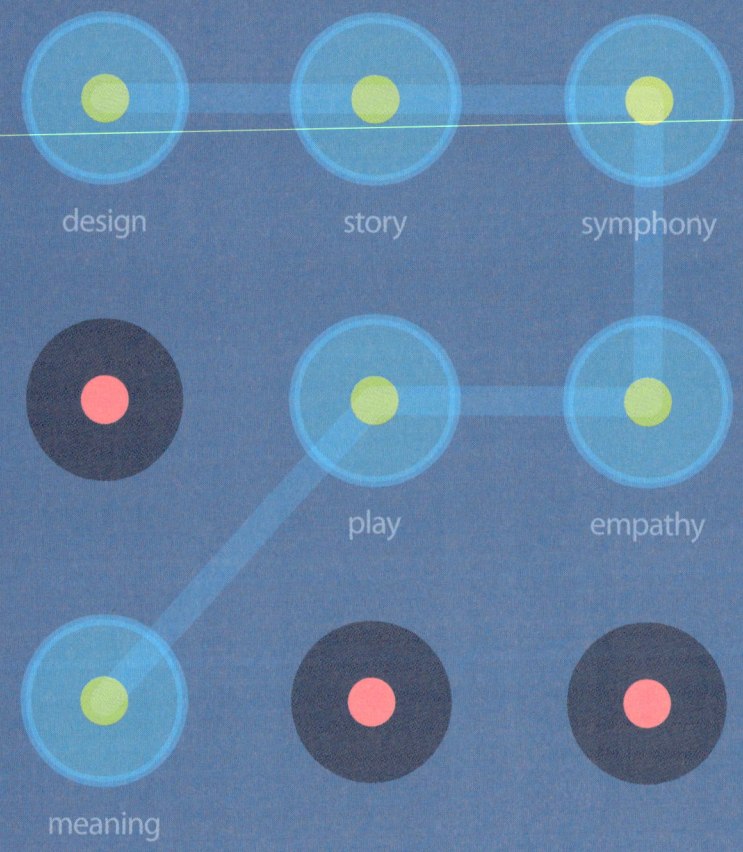

INFOGRAPHIC PATTERN

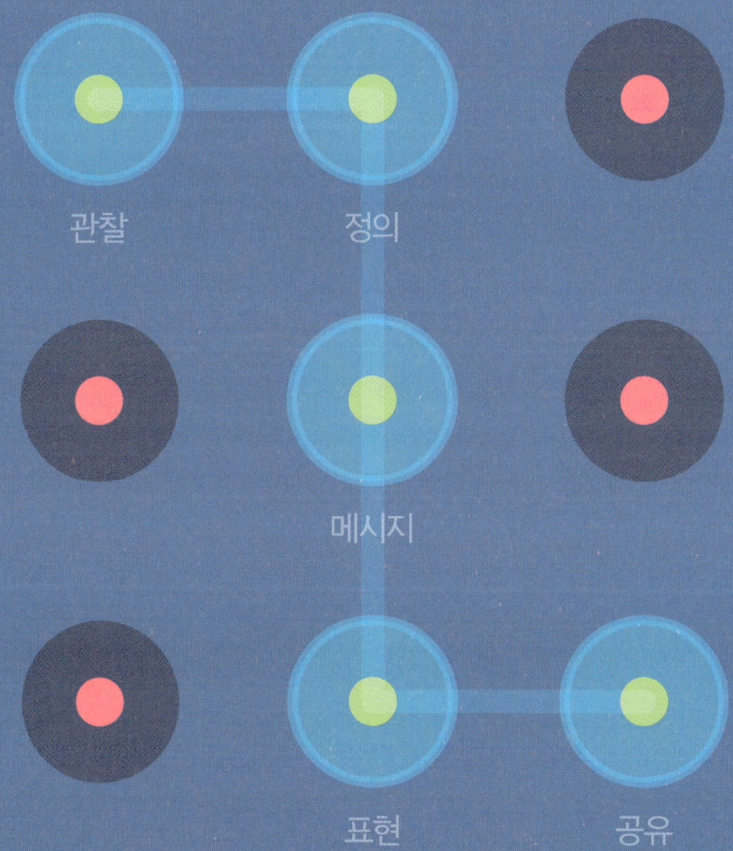

우리 시대의 역설 1

건물은 좋아졌지만, 인격은 더 작아졌다.
고속도로는 넓어졌지만, 시야는 더 좁아졌다.
소비는 많아졌지만, 더 가난해지고,
더 많은, 물건은 사지만, 기쁨은 줄어들었다.
집은 커졌지만, 가족은 적어졌다.

우리 시대의 역설 2

더 편리해졌지만, 시간은 더 없다.
학력은 높아졌지만, 상식은 부족하고,
지식은 많아졌지만, 판단력은 모자란다.
전문가들은 늘어났지만, 문제는 더 많아졌고,
약은 많아졌지만, 건강은 더 나빠졌다.

- Geoff Dixon, 'The paradox of our time'

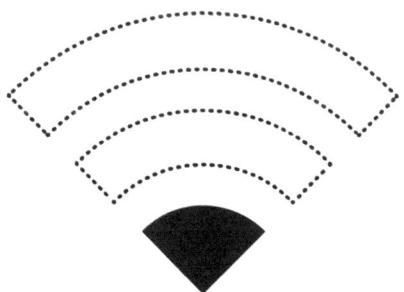

고속도로는
넓어졌지만,
우리의 시야는
더 좁아졌다.

The Paradox of our
Time - Geoff Dixon

*Source : office.microsoft.com

세계평화를
더 많이
얘기하지만,
마음의 평화는
줄어들었다.

The Paradox of our
Time - Geoff Dixon

로지컬 씽킹은 훌륭하다.
논리적인 답을 찾을 수 있기 때문이다.
하지만 사람을 향하는 답은 찾기 어렵다

문제   분석   아이디어   설계   디자인

비주얼 씽킹은 훌륭하다.
감성적인 답을 찾을 수 있기 때문이다.
특히 사람을 향하는 답을 찾을 때 유용하다.

관찰하기　　기록하기　　그려보기　　정의하기　　표현하기

Logical Thinking
DIAMOND

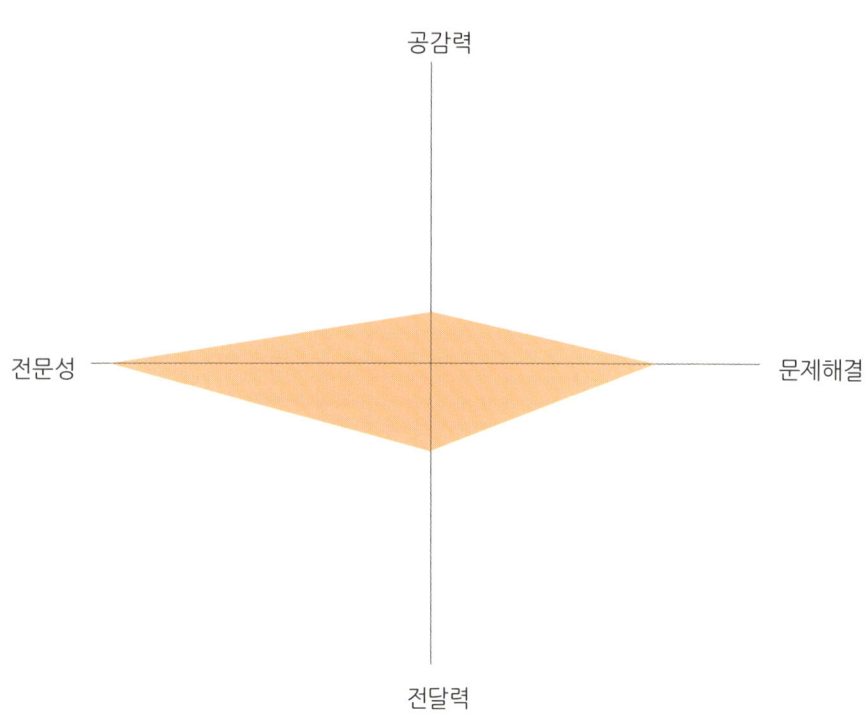

Visual Thinking
DIAMOND

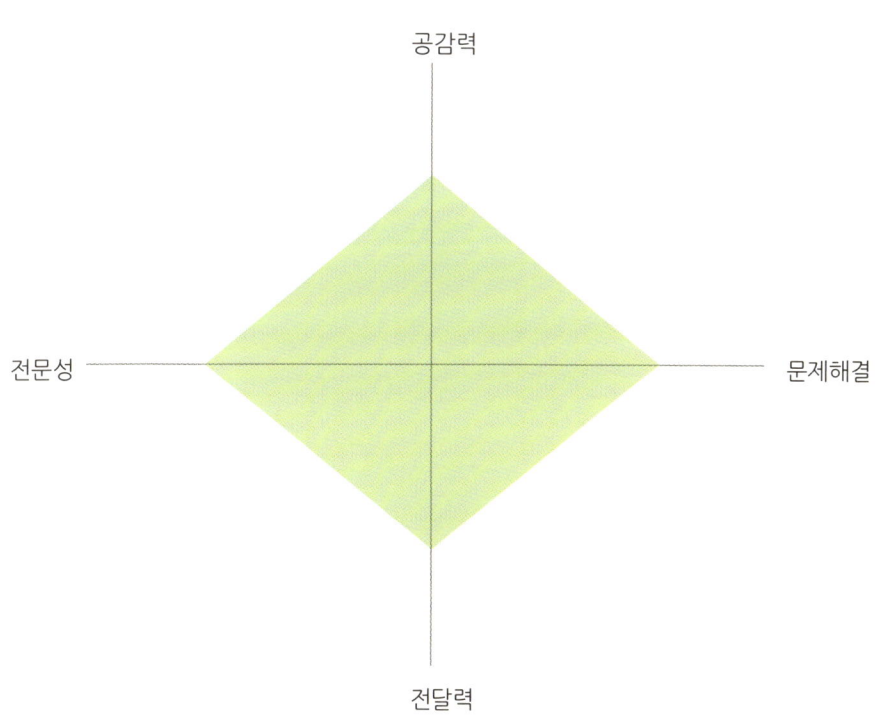

03

비주얼 씽킹,
인포그래픽을 완성하다.

VISUAL THINKING
Infographic Great Bear

그리기
기록하기
말하기
쓰기
사진 찍기
정보 찾기

상상하기
생각 펼치기
들여다보기
입장 바꾸기

정의하기
키워드 만들기
문장 쓰기
메시지 도출하기
헤드라인, 목차 변경하기
정보 설계하기

관찰하기
사람, 가능성
일상, 풍경
DATA 보기

비주얼 씽킹과 인포그래픽의
북 두 칠 성

관찰은 공감의 상상을 만들고,
그리기는 나만의 정의를 만든다.
메시지는 연결과 표현으로 공유된다.

공유하기
공감하기
함께하기
정보 나누기
설득하기

연결하기
상징, 은유
비교, 대결구도
타임라인, 스토리

표현하기
정보를 디자인하기
익숙한 것 사용하기
의외성 적용하기
유쾌하게 만들기

VISUAL THINKING
Infographic Great Bear

비주얼 씽킹 인포그래픽
1 관찰하기

일상을 눈여겨보자.
나만 볼 수 있는 것을 발견하자.
똑같은 풍경이라도 다르게 보자.
사람을 위한, 가능성에 대하여 열린 마음을 갖자.
DATA를 주어진 대로만 보지 말자.
DATA 속에서 새로운 의미를 찾자.

상상하기

관찰하기

사람, 가능성
일상, 풍경
DATA 보기

그리기

정의하기

VISUALTHINKING
Infographic
Great Bear

생각 펼치기
들여다보기
입장 바꾸기

상상하기

관찰하기

비주얼 씽킹 인포그래픽
2 상상하기

기존 방법론을 잠시 내려두자.
자유롭게 생각을 토론하자.
Why에 답을 적어보자.
고객과 청중 마음속을 들여다보자.
다르게 상상하고 많은 양을 쏟아내자.

VISUALTHINKING
Infographic Great Bear

비주얼 씽킹 인포그래픽
3 그리기

생각을 그려보자.
그림으로 생각을 정리해보자.
그림을 보고 아이디어를 떠올려 보자.
원, 사각형, 삼각형, 화살표로 시작해 보자.
쓰고 말해보자. 사진으로 남겨보자.
주어진 상황에서 새로운 정보를 찾자.

연결하기

표현하기

VISUAL THINKING
Infographic
Great Bear

비주얼 씽킹 인포그래픽
4 정의하기

한마디로 정의하자.
무엇을 말하려는지 문장으로 써 보자.
제목을 바꾸고, 목차를 변경하자.
메시지가 느껴지는지 확인하자.
그 속에서 정보가 보이도록 설계하자.

키워드 만들기
문장 쓰기
메시지 도출하기
헤드라인, 목차 변경하기
정보 설계하기

그리기

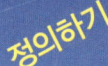

정의하기

연결하기

표현하기

상징, 은유
비교, 대결구도
타임라인, 스토리

비주얼 씽킹 인포그래픽
5 연결하기

상징되는 사물을 떠올려서 연결하자.
내가 알고 있는 지식과 연결하자.
경험에 빗대어 은유를 사용하자.
시간 축에 정보를 나열하자.
대결구도로 흥미롭게 구성하자.
스토리 라인을 구축하자.

VISUAL THINKING
Infographic Great Bear

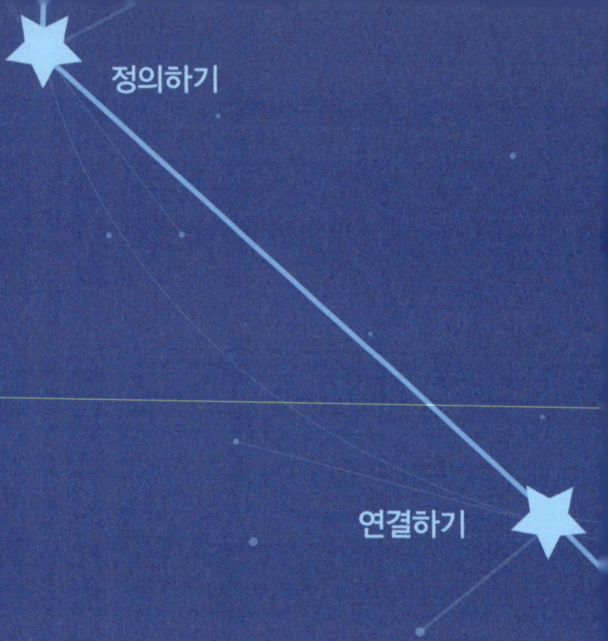

정의하기

연결하기

비주얼 씽킹 인포그래픽
6 표현하기

데이터를 치장하지 말자.
꼭 필요한 정보만 디자인하자.
익숙함과 의외성을 부여하자.
유쾌한 정보가 되도록 장치를 만들자.
최소한의 그래픽으로 표현하자.

비주얼 씽킹 인포그래픽
7 공유하기

공유할 가치가 있는지 판단하자.
나부터 공감하는지 확인하자.
설득 메시지가 분명한지 고민하자.
함께할 수 있는 것들인지 살펴보자.

표현하기

공유하기

정보를 디자인하기
익숙한 것 사용하기
의외성 적용하기
유쾌하게 만들기

공감하기
함께하기
정보 나누기
설득하기

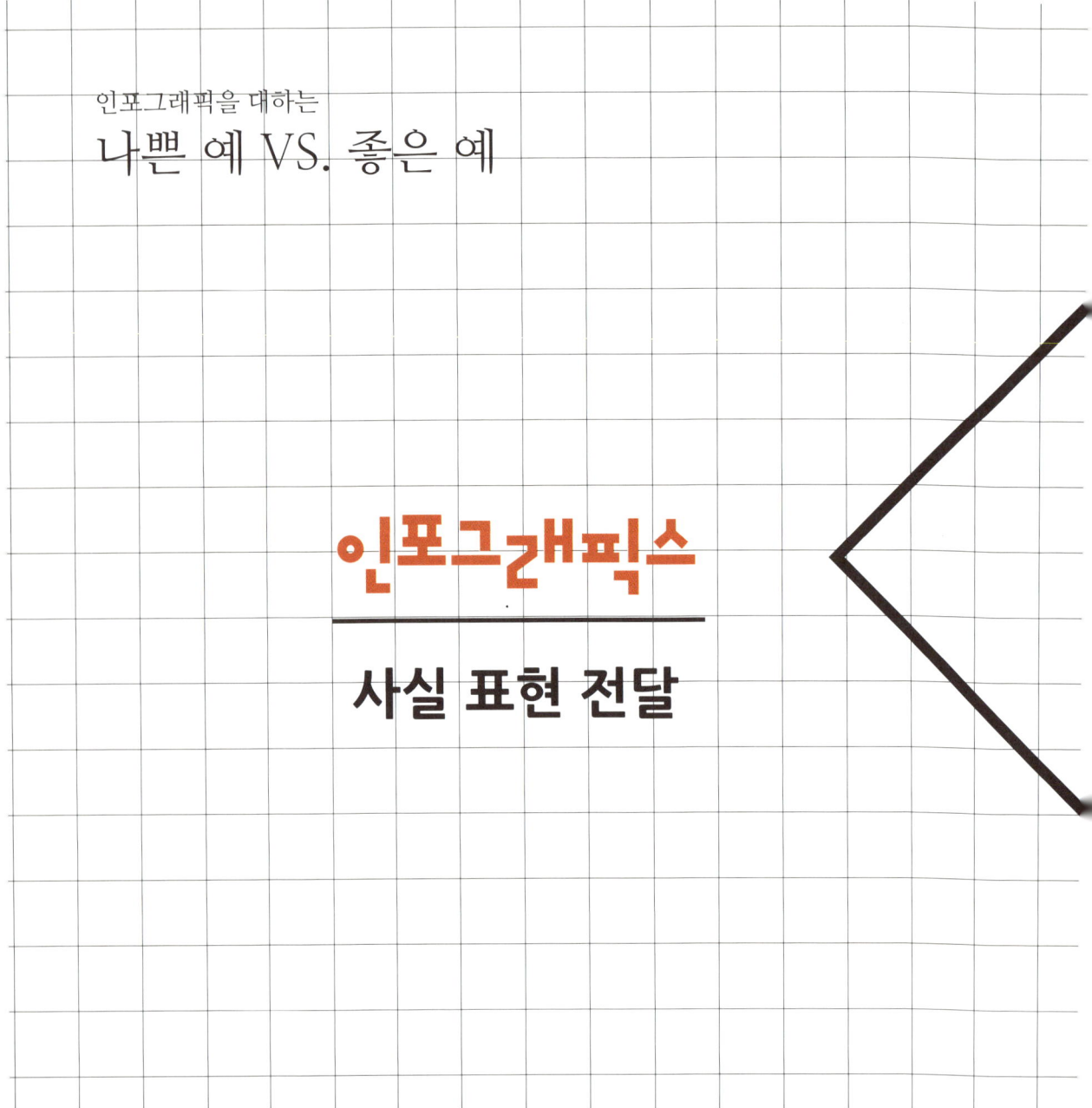

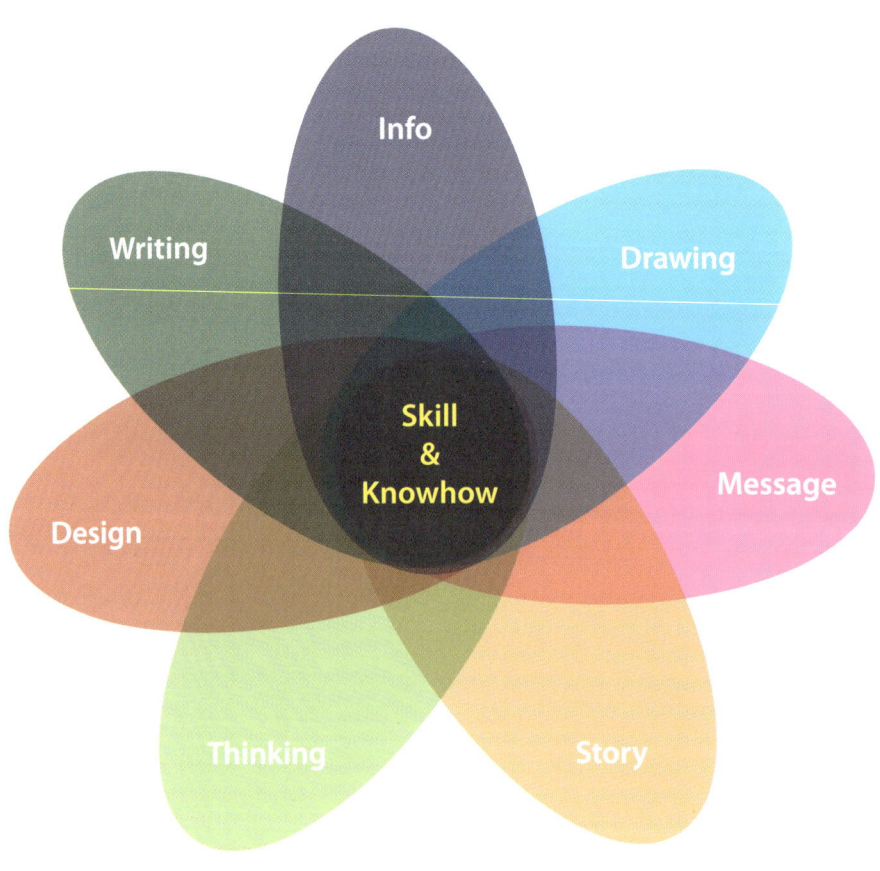

인포그래픽을 대하는 나쁜 예

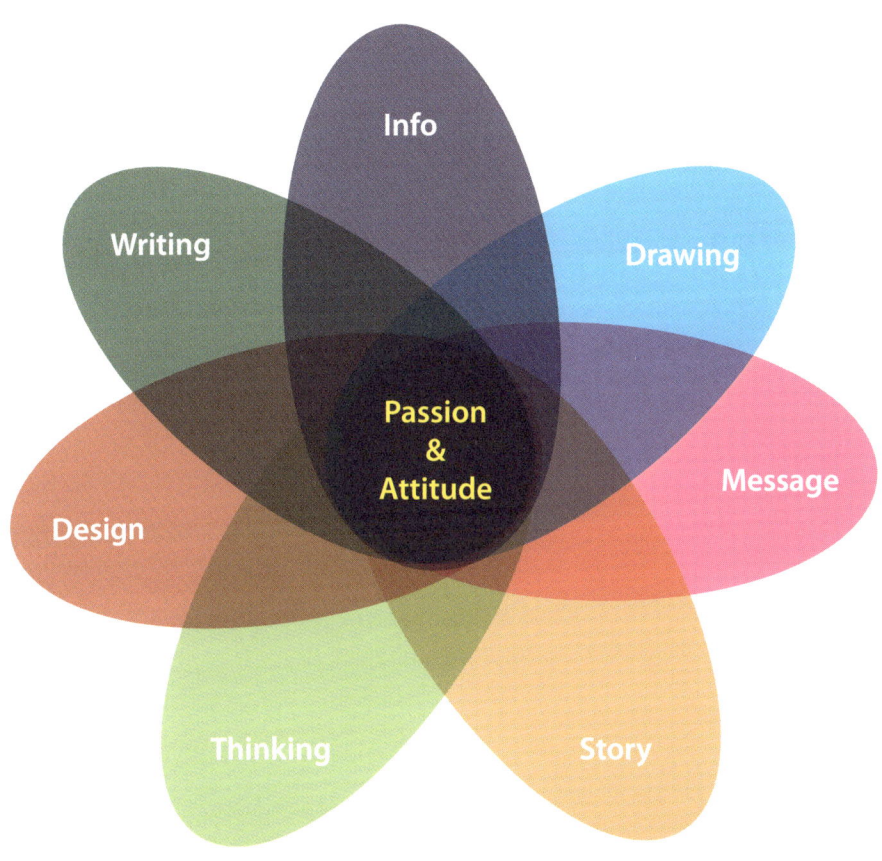

인포그래픽을 대하는 좋은 예

> 현재 상태를 나타낼 수 있는 단어와 장면은 무엇일까?

3분기 삼성 스마트폰 매출이
APPLE을 앞지르다!

4분기에는 아이폰5로
애플이 스마트폰 시장에서
42.2%로 1위를 차지하다.

향후의 전망은??

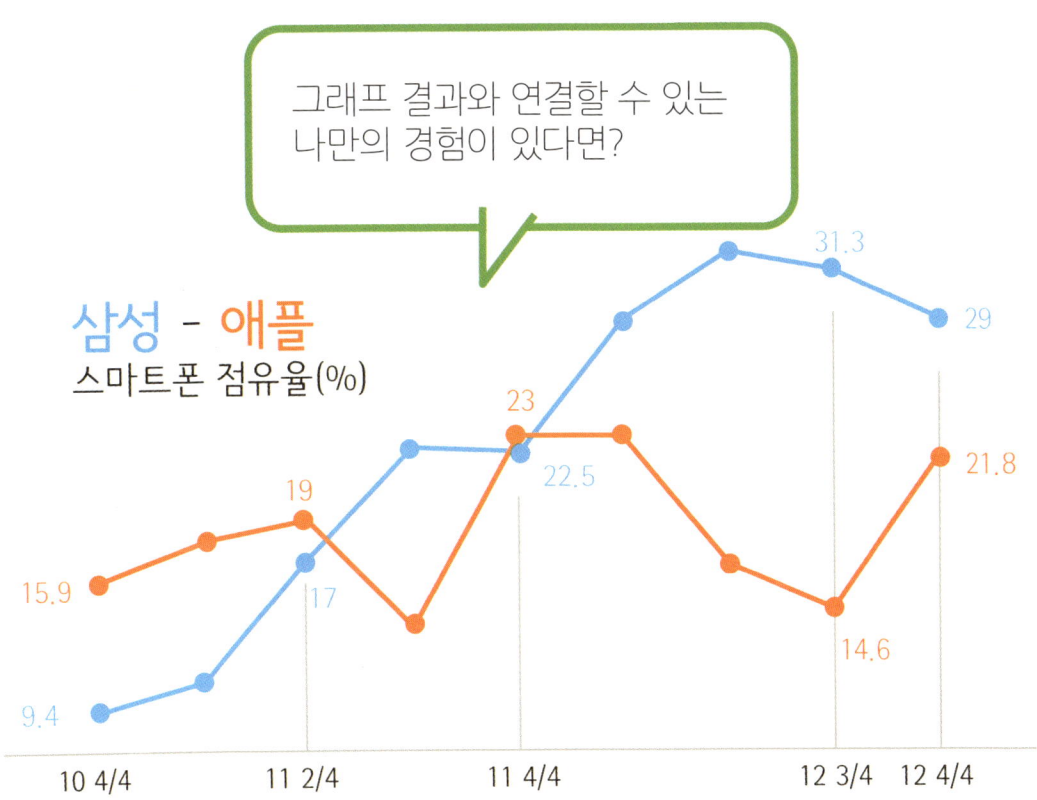

엎치락뒤치락
한 대 때리고, 두 대 맞고
장군 대 멍군
피비린내 나는 싸움
박빙의 승부
총성 없는 전쟁

Wars
SAMSUNG VS. APPLE

Taekwondo, Muay Thai, Boxing, kungfu, karate, fighting

*Source : openclipart.org / aungkarns, studio_hades

Smartphone Wars
Samsung vs. Apple

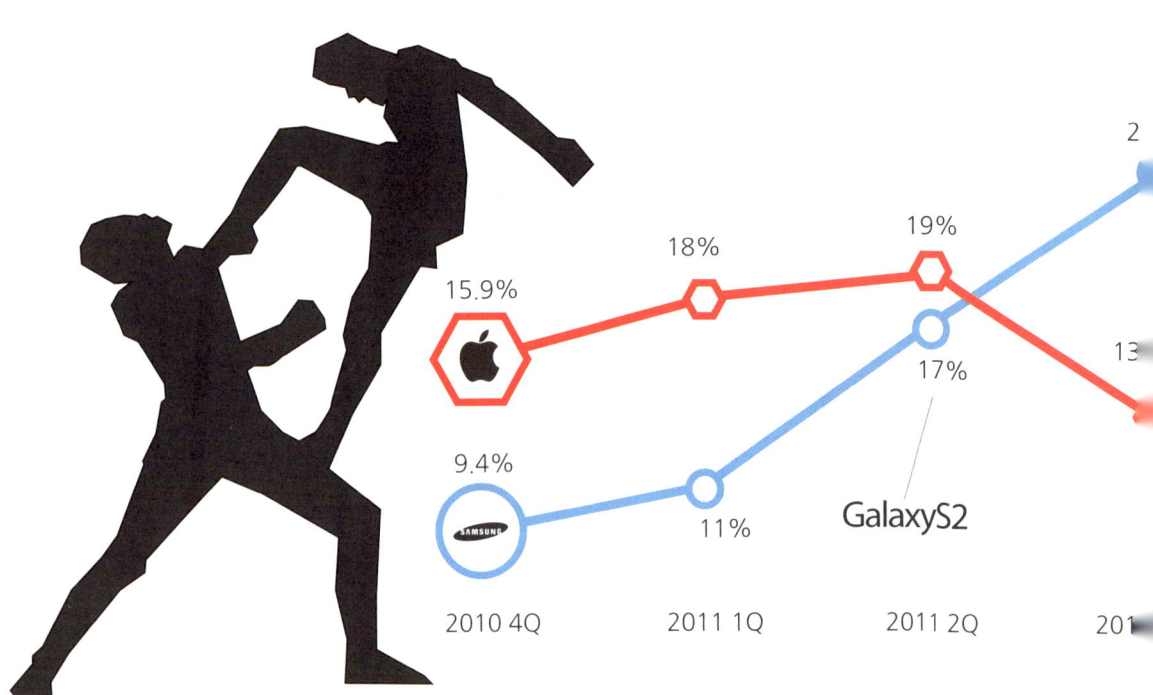

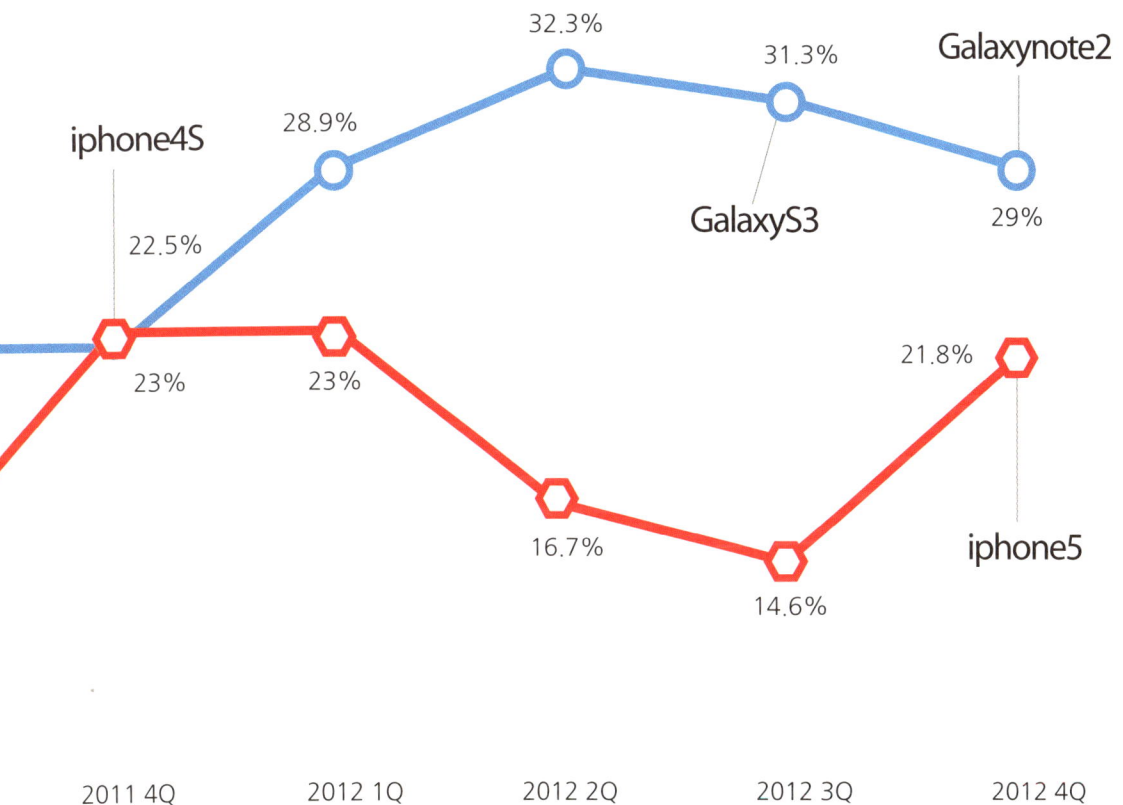

The **winner** of Smarter Planet
Samsung vs. Apple

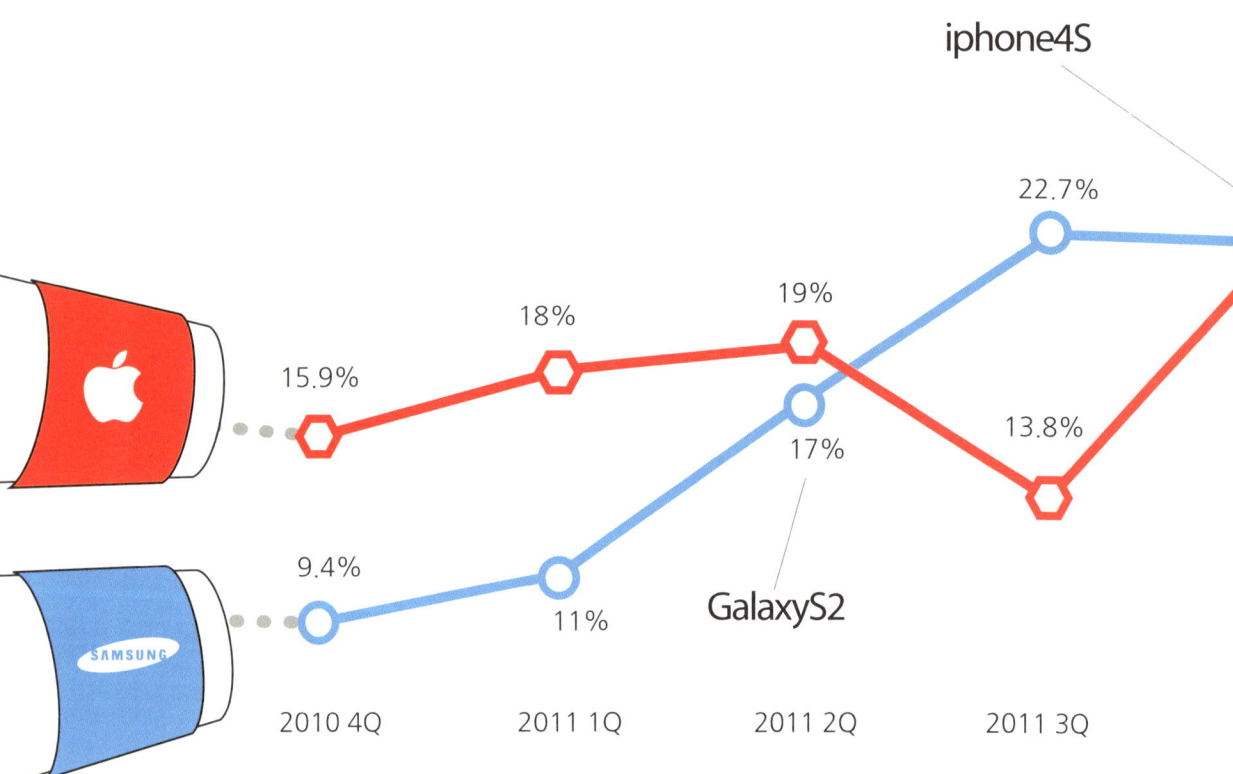

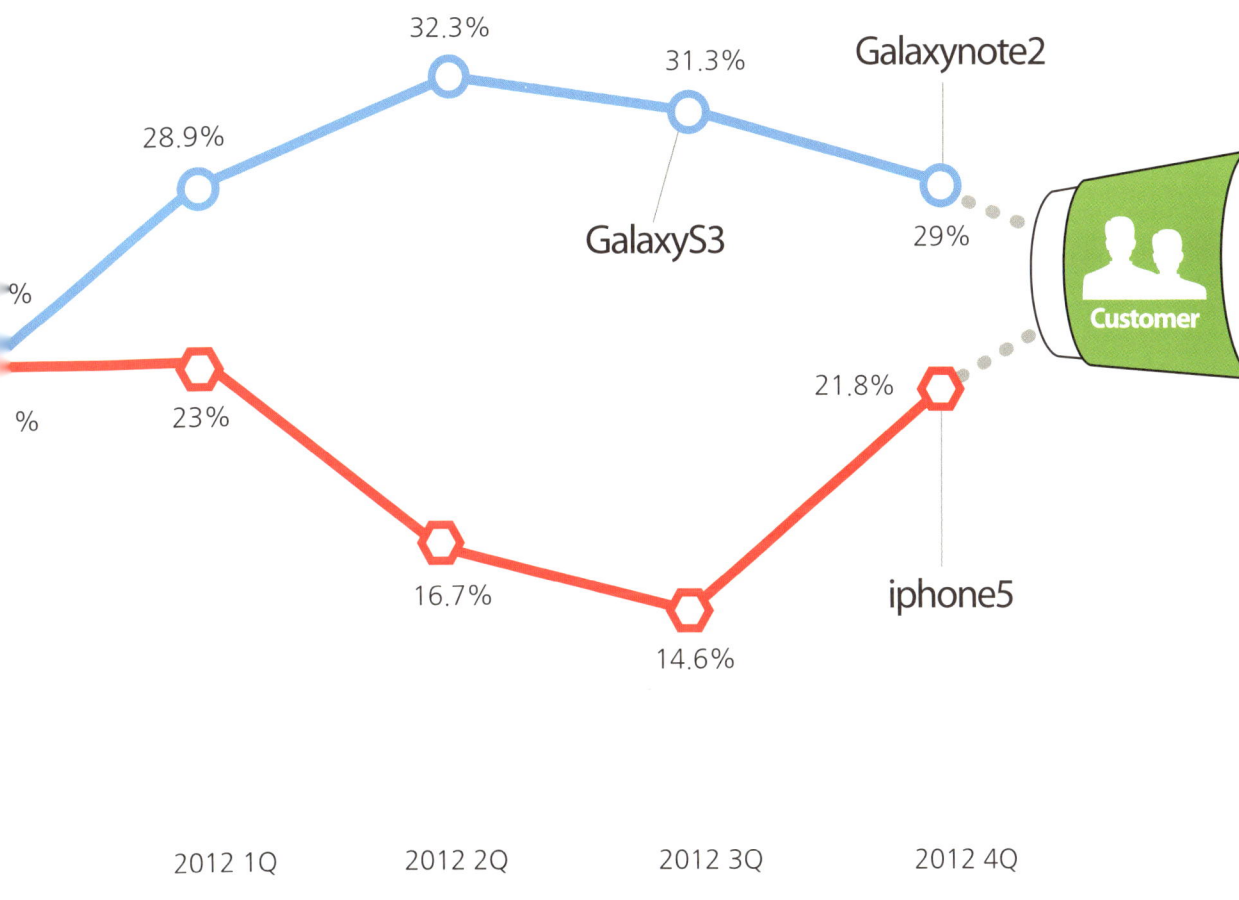

> 주어진 사실과 상황에서
> 무엇을 느끼고 생각해야 할까?

- 대한민국의 아웃도어 시장 매출은 전 세계 2위
- 나이 안 따지고, 날씨 안 가리고, 불황에도 안 꺾여…
- 7년째 고속 성장 지속…
- 춥다고 사고, 날 좋다고 사고…
- 골프웨어·캐주얼 시장 잠식!

– 아웃도어 시장에 대한 뉴스 기사들 –

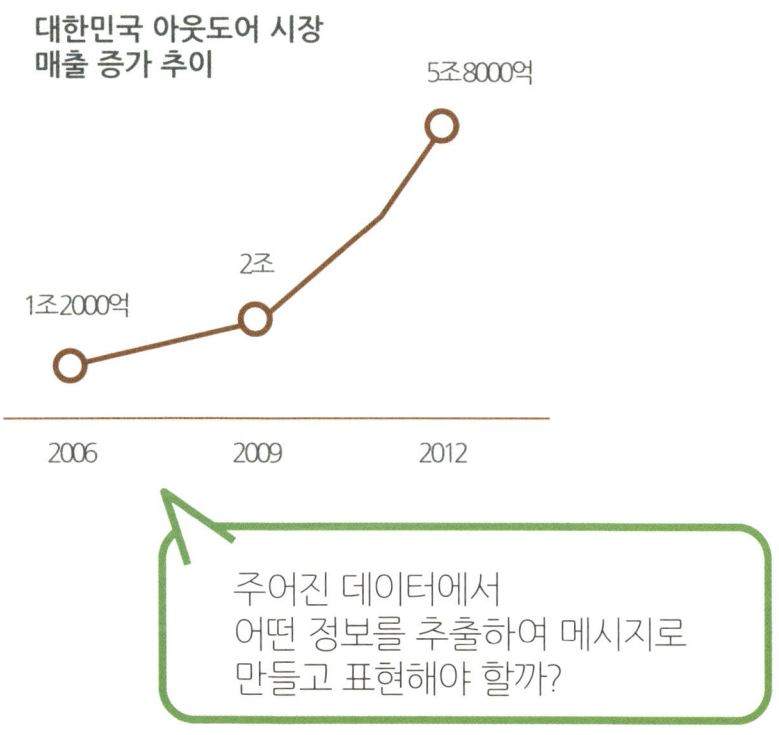

한국의 아웃도어 시장 성장세는
mystery

*Source : www.openclipart.org_cyrille

5조 8000억원　2012년

2조　2009년

1.2조　2006년

한국인 아웃도어 복장 수준은
표고 **8,848m**

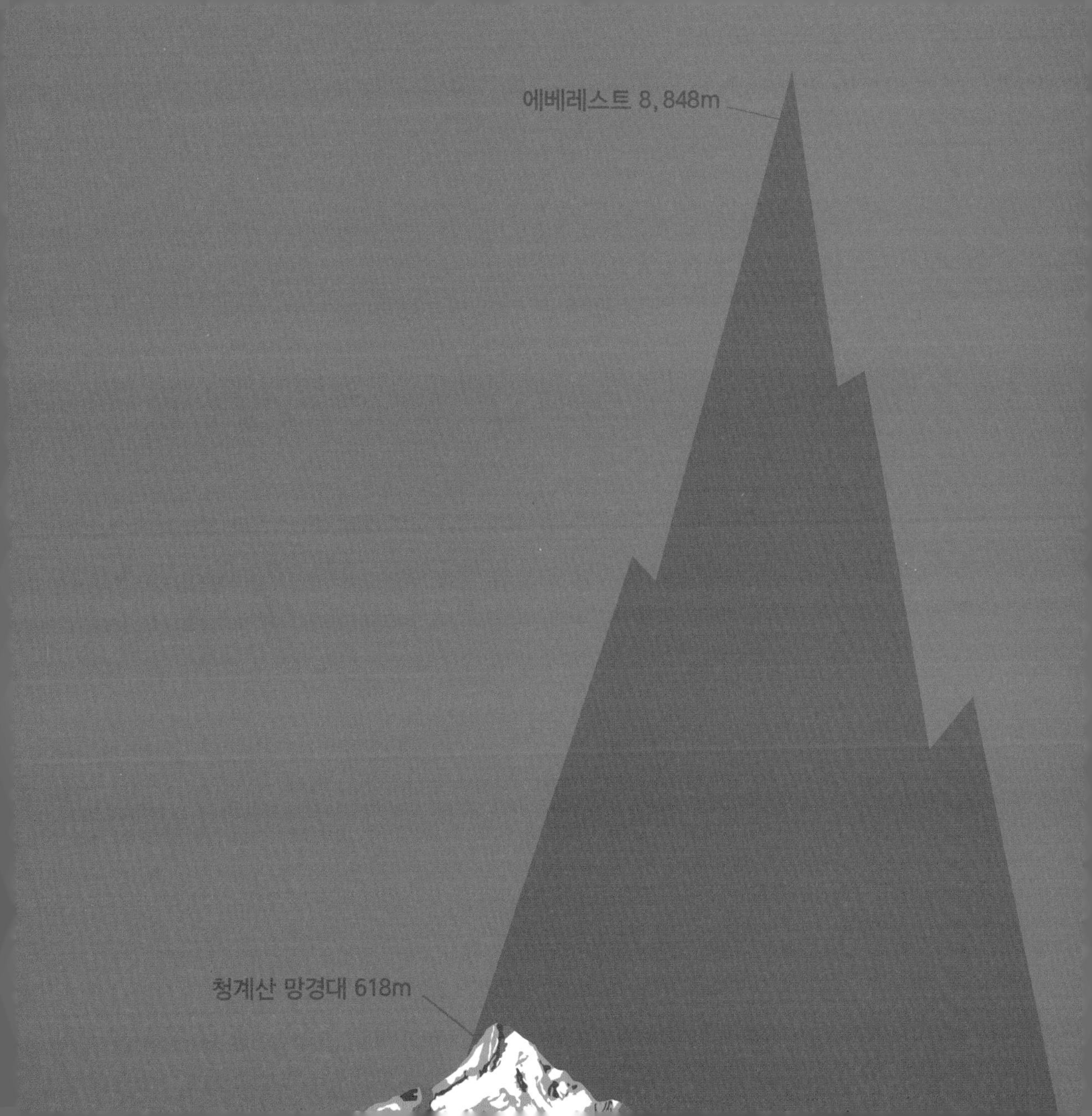

에베레스트 8,848m

청계산 망경대 618m

불황에도 한없이 '뜨거운' 커피 사랑…

경제 불황에도 커피는 잘나가…

작년 6대 커피전문점 매출 20% 넘게 증가…

국내 커피 4조 원 시대 돌파!

커피전문점 2조 4천억 시장으로 무서운 성장…

커피 시장은 10년 사이 10배 이상 성장…

*Source : 한국일보, 2013.02.27

2006 1,254개

2013 커피전문점 매장수 1만 5000개

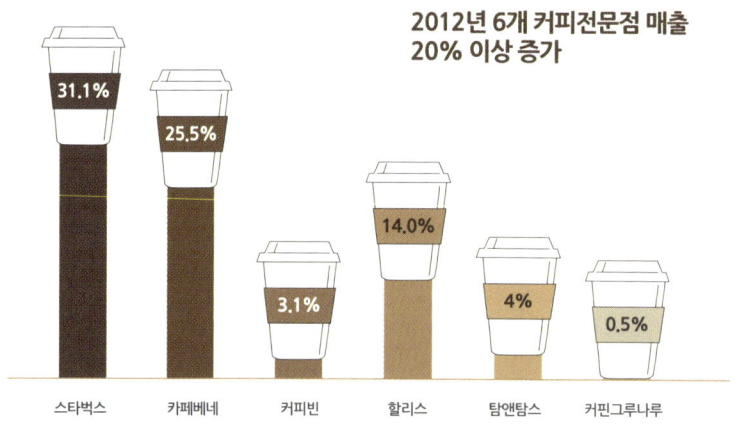

2012년 6개 커피전문점 매출 20% 이상 증가

스타벅스	카페베네	커피빈	할리스	탐앤탐스	커핀그루나루
31.1%	25.5%	3.1%	14.0%	4%	0.5%

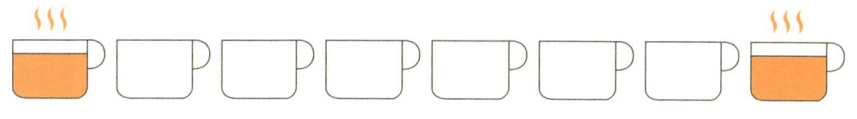

1일 2잔 | 국민 한 명이 마시는 커피 1년에 670잔

*Source : YTN 2013. 03. 02

*Source : 한국경제매거진 2013. 04. 08

한 끼 밥은 굶어도

 커피는 굶지 않는 사람들

매년 5세 미만 어린이 1백5십만 명이
더러운 물로 인한 수인성 질병 때문에
사망하고 있습니다.
전 세계 어린이들이 깨끗한 물이 없어
더 이상 고통 받지 않고 잘 자라날 수 있도록
우리 모두의 관심과 사랑이 필요합니다.

바코드롭 캠페인(Barcodrop Campaign)은
소비자와 제조사, 그리고 판매사들의 매칭 그랜트로서
아프리카 어린이들을 위한 동반 기부 캠페인입니다.
100원씩 기부하여 모인 300원은
더러운 물을 식수로 사용해야 하는 안타까운 아이들
300명에게 깨끗한 생수를 제공할 수 있습니다.

*Source : www.unicef.or.kr/donate, www.wikimedia.org

BARCODROP Campaign

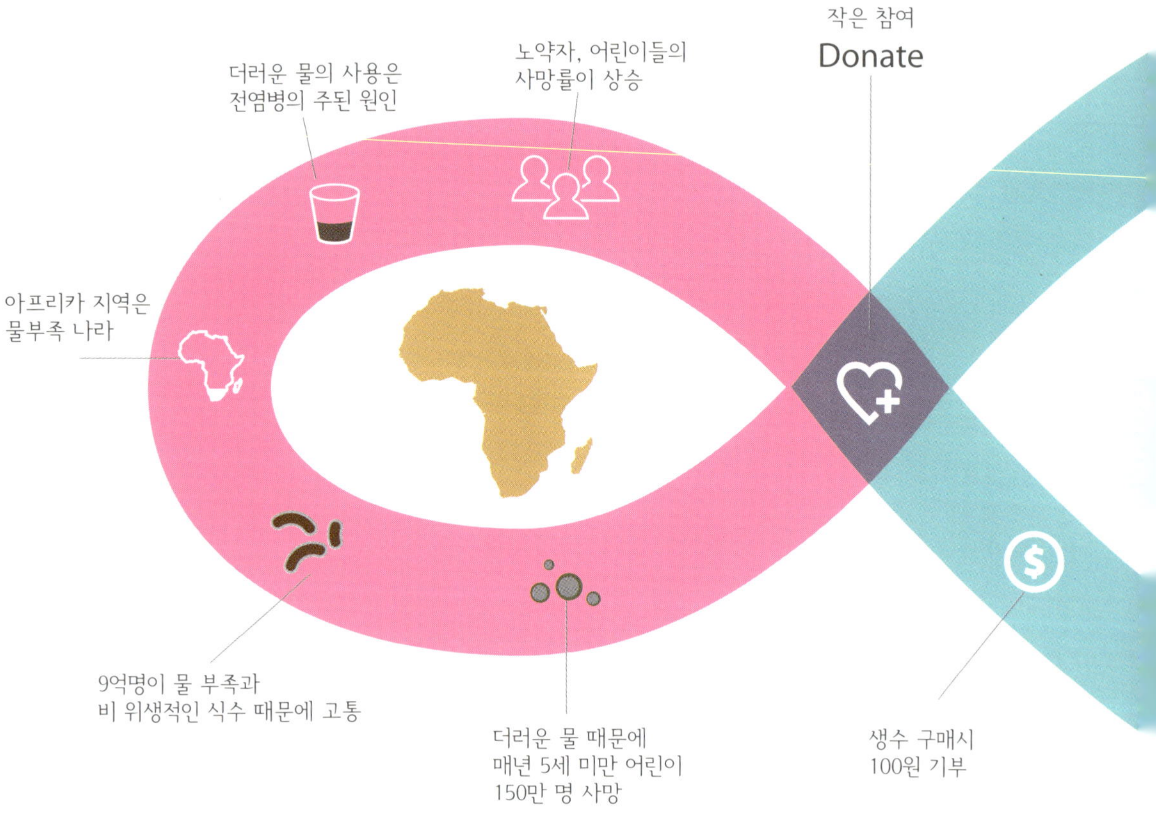

더러운 물의 사용은
전염병의 주된 원인

노약자, 어린이들의
사망률이 상승

작은 참여
Donate

아프리카 지역은
물부족 나라

9억명이 물 부족과
비 위생적인 식수 때문에 고통

더러운 물 때문에
매년 5세 미만 어린이
150만 명 사망

생수 구매시
100원 기부

*Source : www.unicef.or.kr/donate
www.iconmonstr.com, www.wikimedia.org

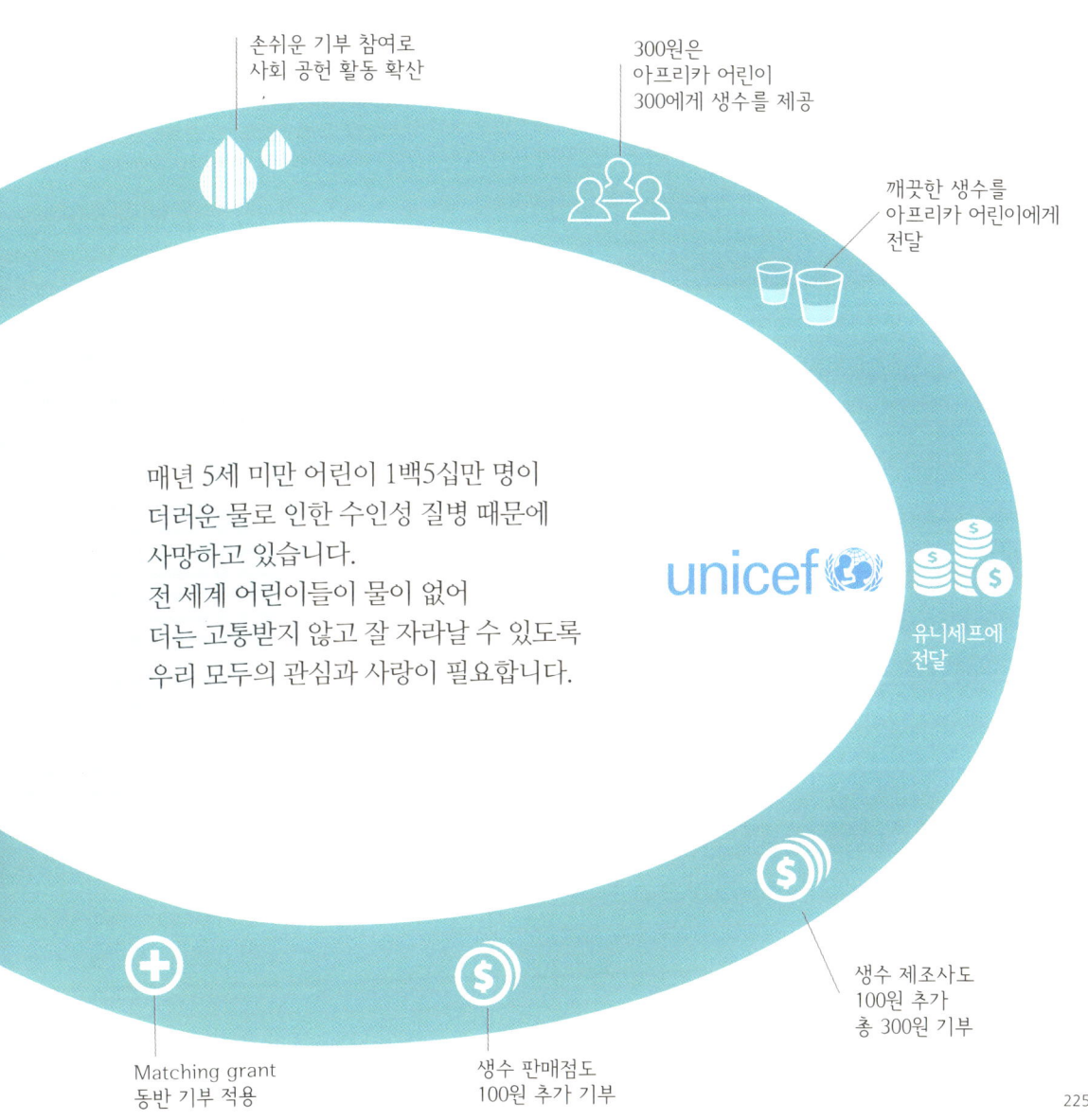

疏通 - 빠른, 원활한, 즐거운, 수평적인

A team ●━━━━━━━━━━━━━━━━━● B team

不通- 느린, 복잡한, 답답한, 수직적인

A 그룹　　　　　　　　　　　　　　　　　　　　B 협력사

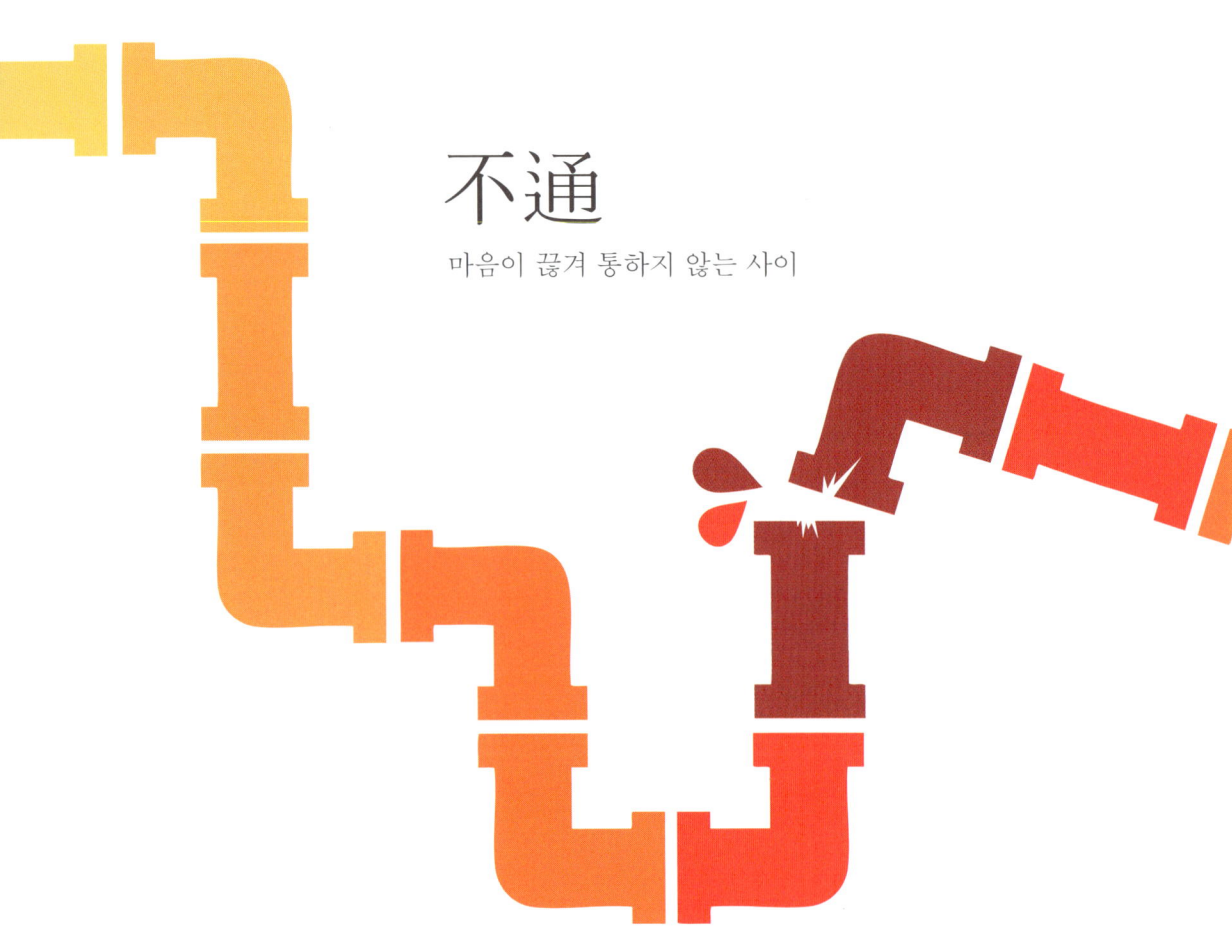

不通

마음이 끊겨 통하지 않는 사이

疏通

생각이 막히지 않아 서로 힘을 주는 관계

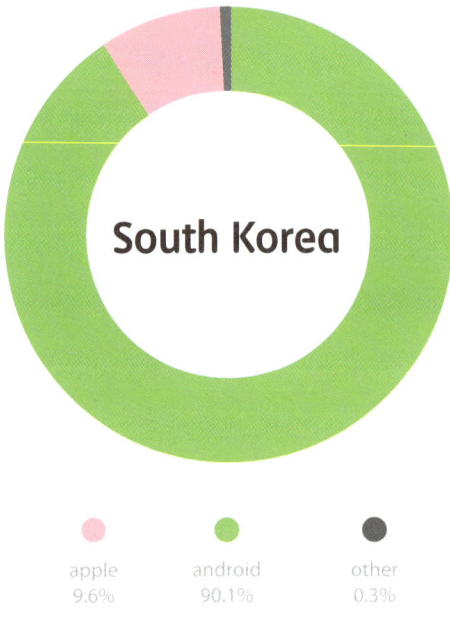

2013 Mobile Market Share

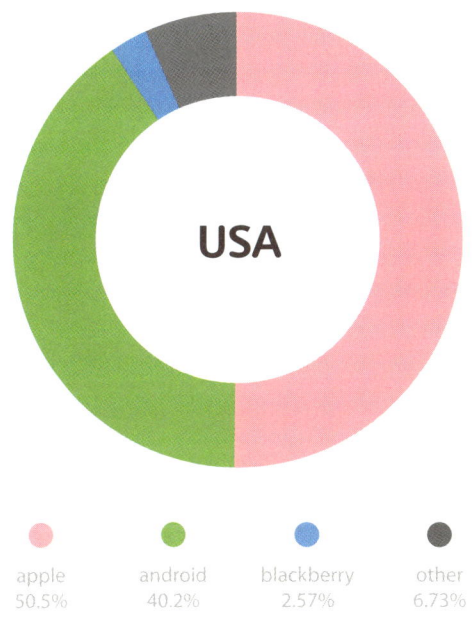

apple 50.5%　android 40.2%　blackberry 2.57%　other 6.73%

2013 Mobile Market Share

*Source: http://connect.icrossing.co.uk

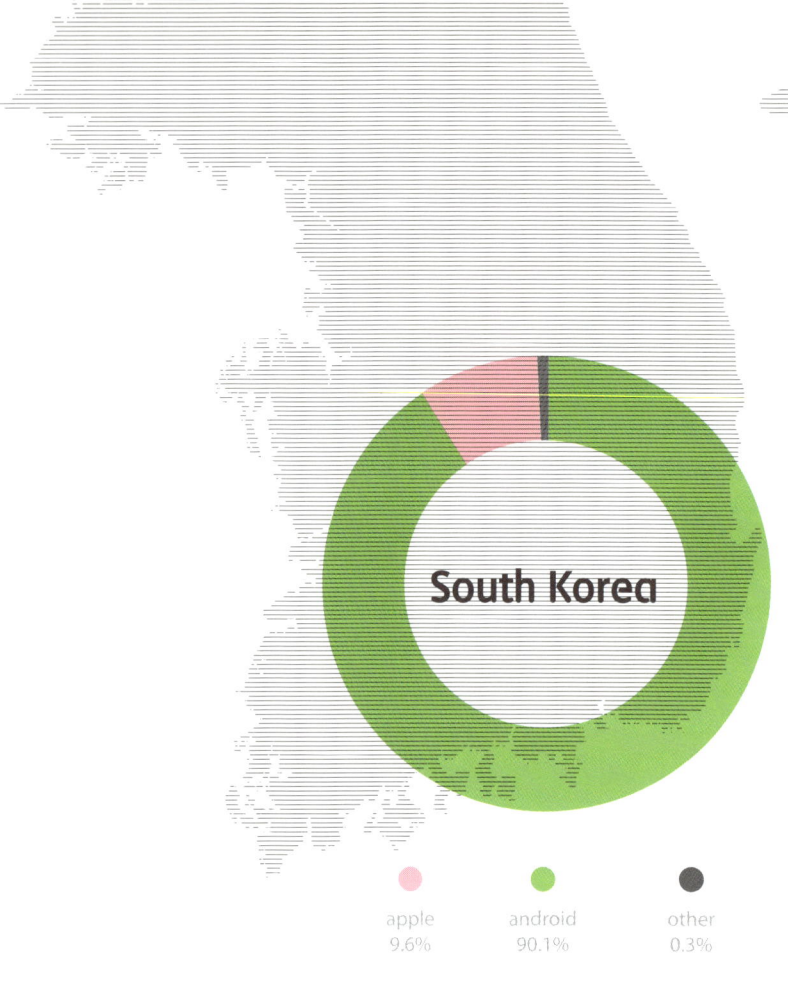

2013 Mobile Market Share

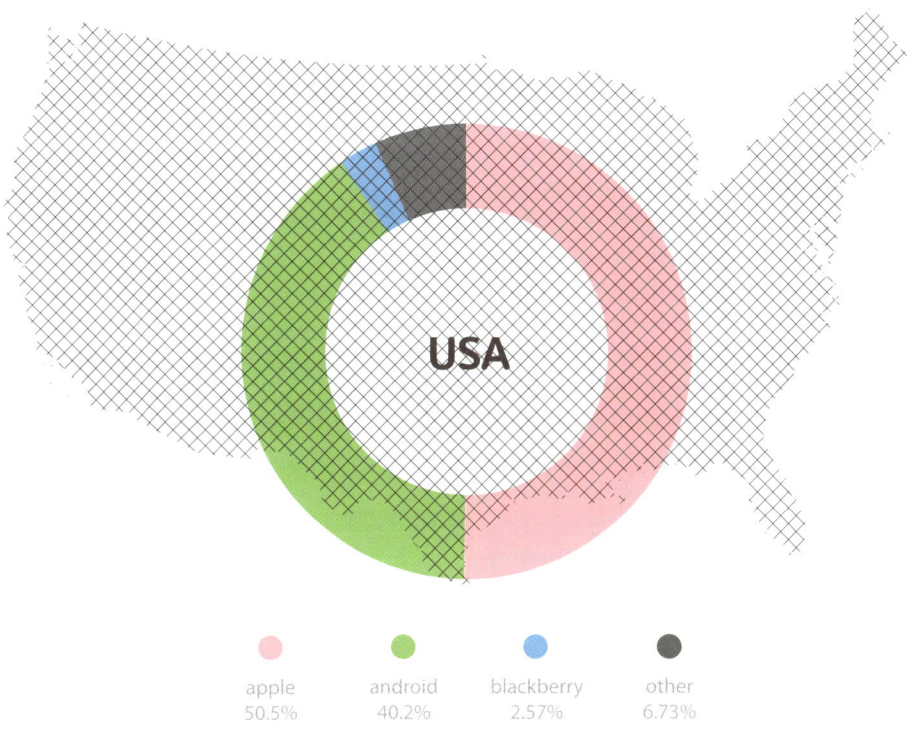

2013 Mobile Market Share

*Source: http://connect.icrossing.co.uk

USA
2013 Mobile OS Market Share

apple android blackberry other

USA
2013 Mobile OS Market Share

- apple 50.5%
- android 40.2%
- blackberry 2.57%
- other 6.73%

South Korea
2013 Mobile OS Market Share

apple 9.6% android 90.1% other 0.3%

기업은 크기로 말할 수 있지만

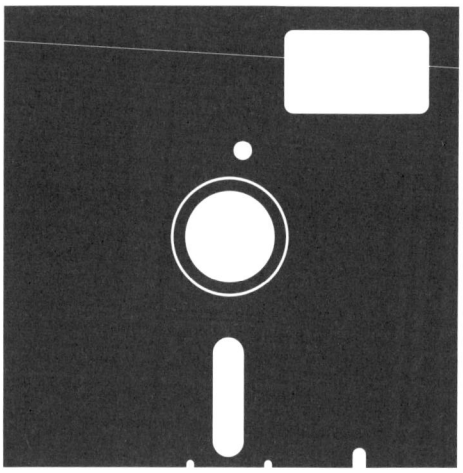

1971

기술은 크기로 설명될 수 없습니다.

2013

숫자로 보는 라면 50년

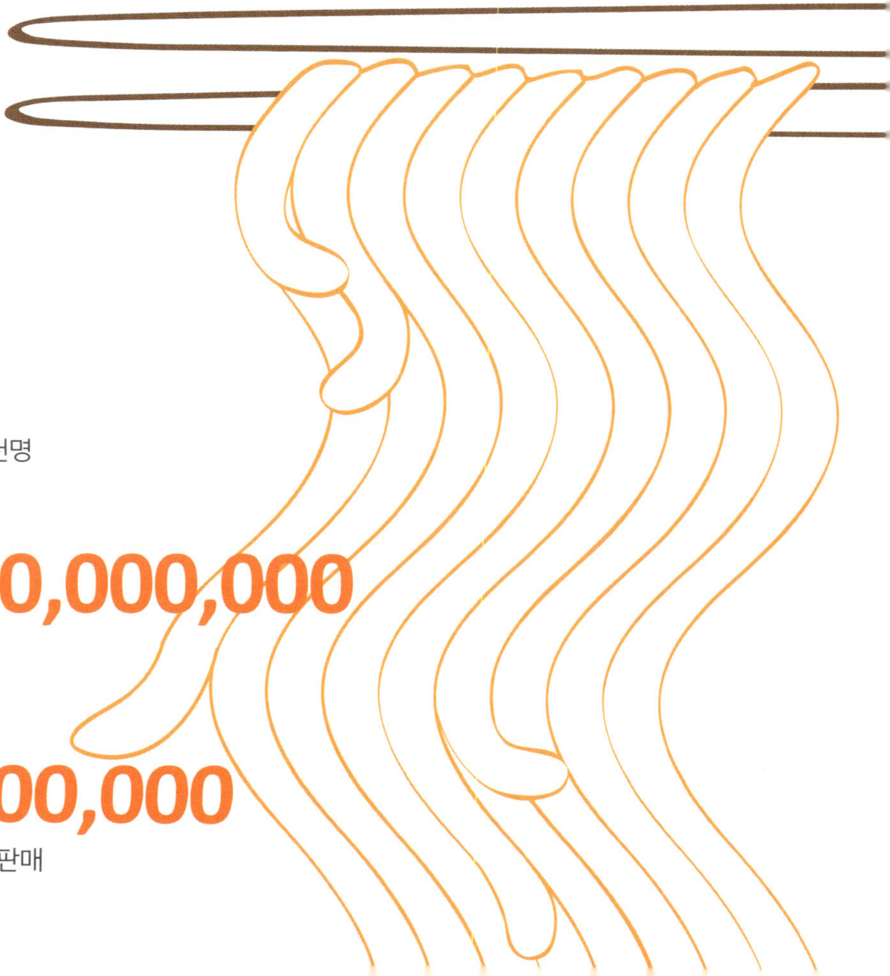

1963
일본 라멘, 한국에 상륙
삼양 '유탕면' 출시

50
대한민국 라면 나이 50세 지천명

2,000,000,000,000
국내 시장규모 2조원

22,000,000,000
농심 신라면 27년간 220억개 판매

72/365
국내 1년 소비량 36억개
1인당 연간 72개

NO.1
1인당 라면 소비량 세계 1위

200
국내 라면 종류 200여가지 개발

50m
라면 한 봉지의 면 길이는 50m
우리나라 1년치 판매량은
지구에서 태양까지의 거리

*Source : SBS 뉴스, 한국일보, 2013. 4. 20

미래의 꿈을 엄마에게 물었습니다.
- **초등학생의 미래 직업**

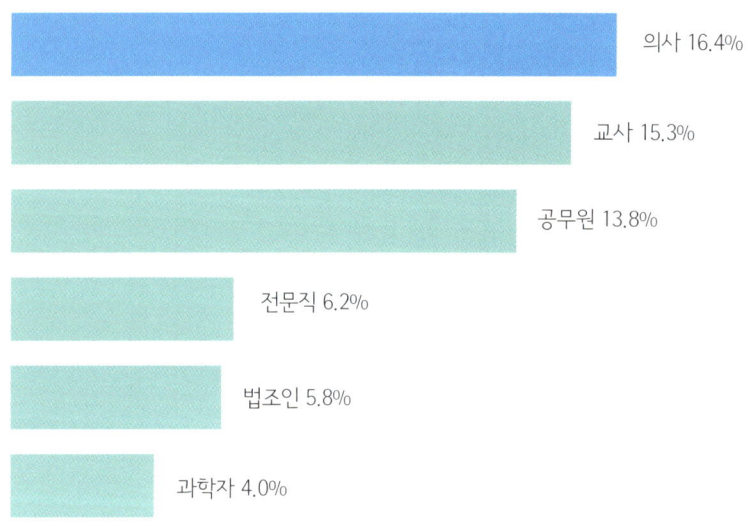

의사 16.4%
교사 15.3%
공무원 13.8%
전문직 6.2%
법조인 5.8%
과학자 4.0%

미래의 꿈을 아이에게 물었습니다.
- 초등학생의 미래 직업

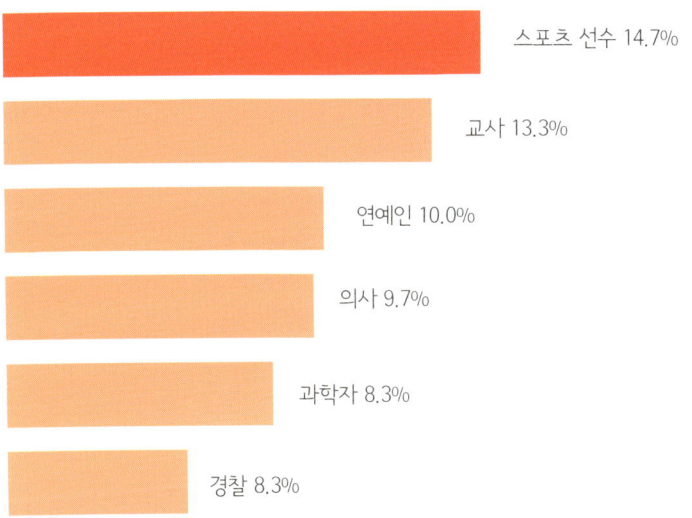

스포츠 선수 14.7%
교사 13.3%
연예인 10.0%
의사 9.7%
과학자 8.3%
경찰 8.3%

*Source : 한국직업능력개발원, 2013. 1. 15

어른이 원하는 아이의 장래 희망 기준이
누군가에게 자랑 가능한
직업의 지위와 명예일 수 있지만...

*Source : www.openclipart.org_halattas

아이들이 선택하는 미래의 꿈은
자신이 좋아하고 잘하는 것입니다.

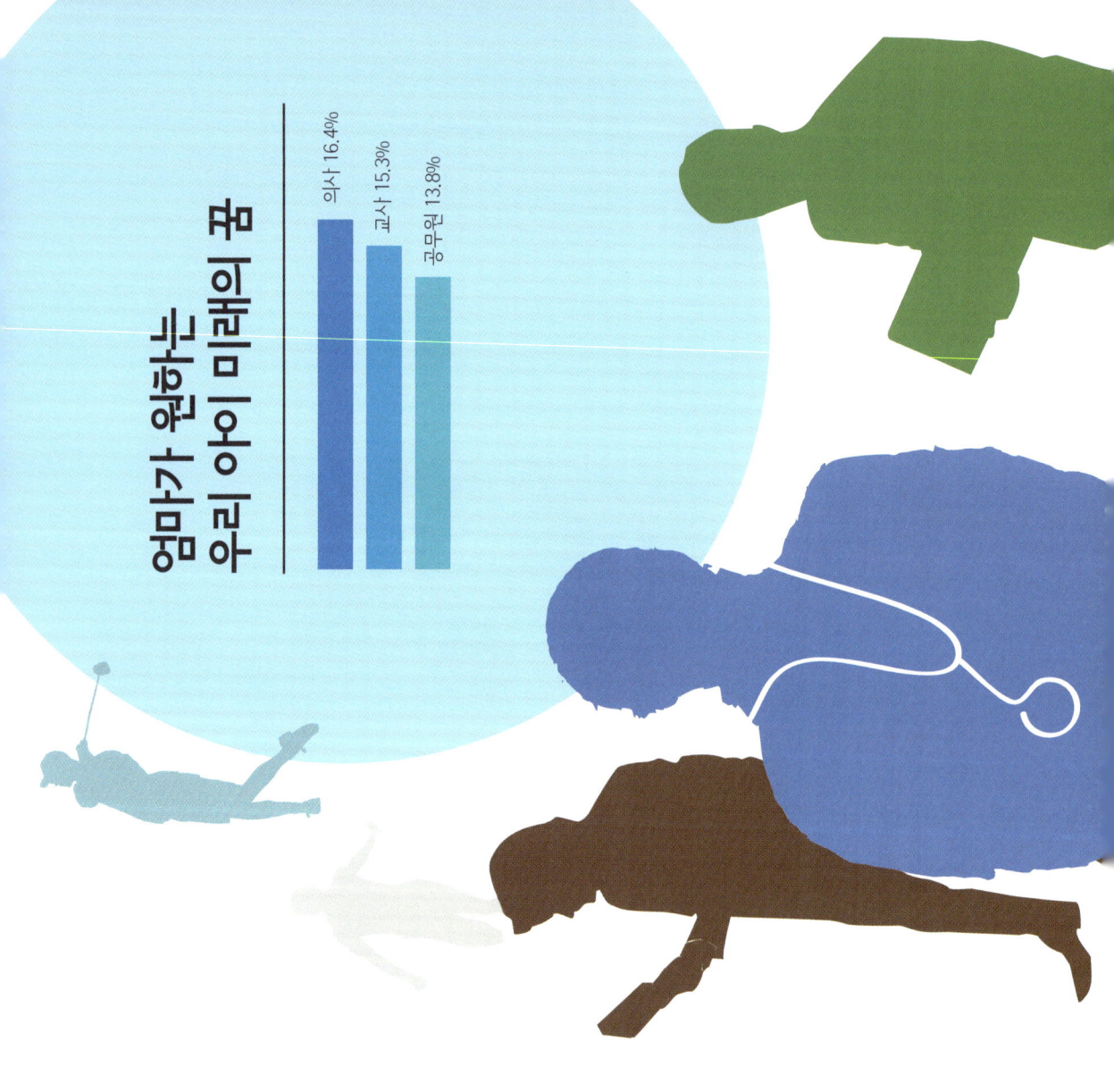

*Source: 한국직업능력개발원, 2013. 1. 15
www.openclipart.org_pitr_shokunin

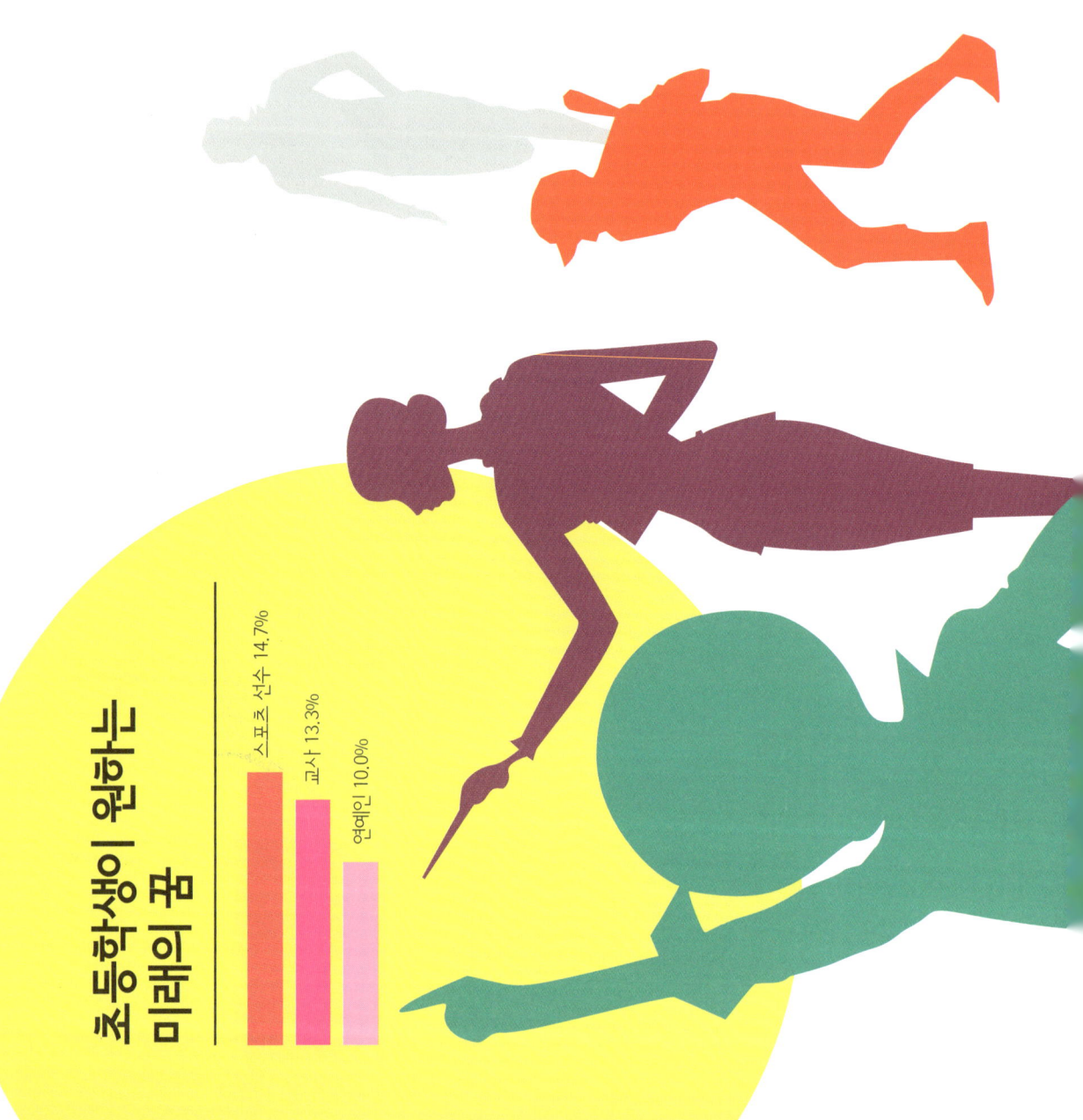

1년에 휴일은 얼마나 될까?

그 중 연휴가 많다면 얼마나 좋을까?

올해 샌드위치 데이는 언제지?

오~ 나의 휴가계획은 어떻게 될까?

January

				1	2	3	4
5	6	7	8	9	10	11	
12	13	14	15	16	17	18	
19	20	21	22	23	24	25	
26	27	28	29	30	31	1	2

WOW

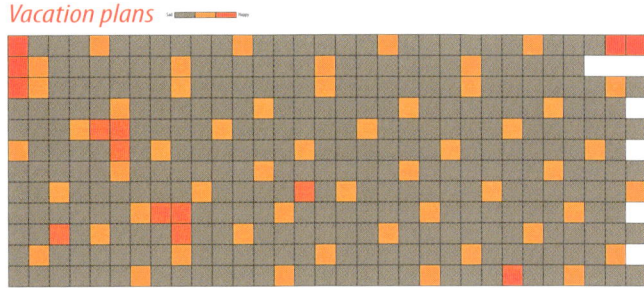

Vacation plans

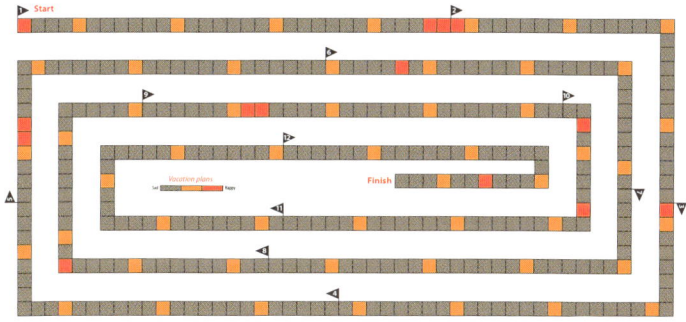

Vacation plans

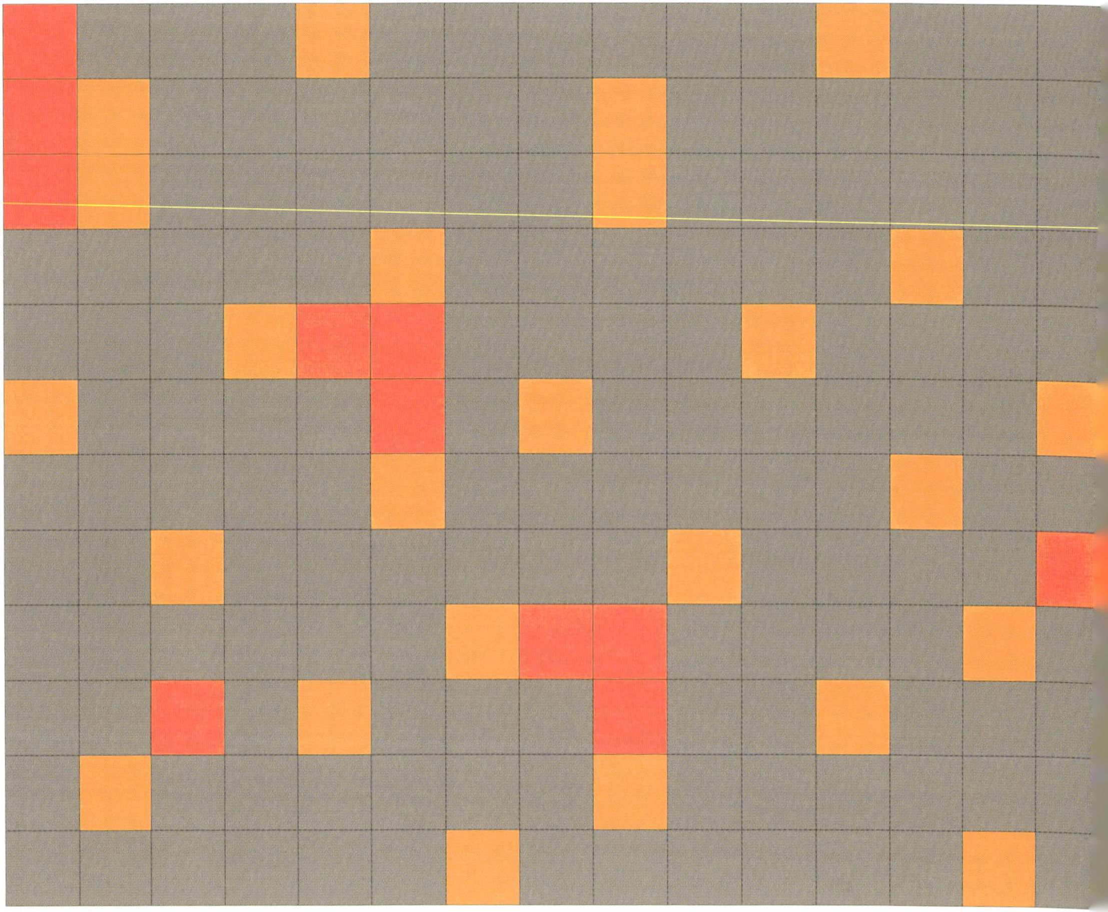

*Source : 2011 NUMERO EVENTI SISMICI 아이디어 참조
대한민국 2014년 달력의 휴일을 기준으로 작성

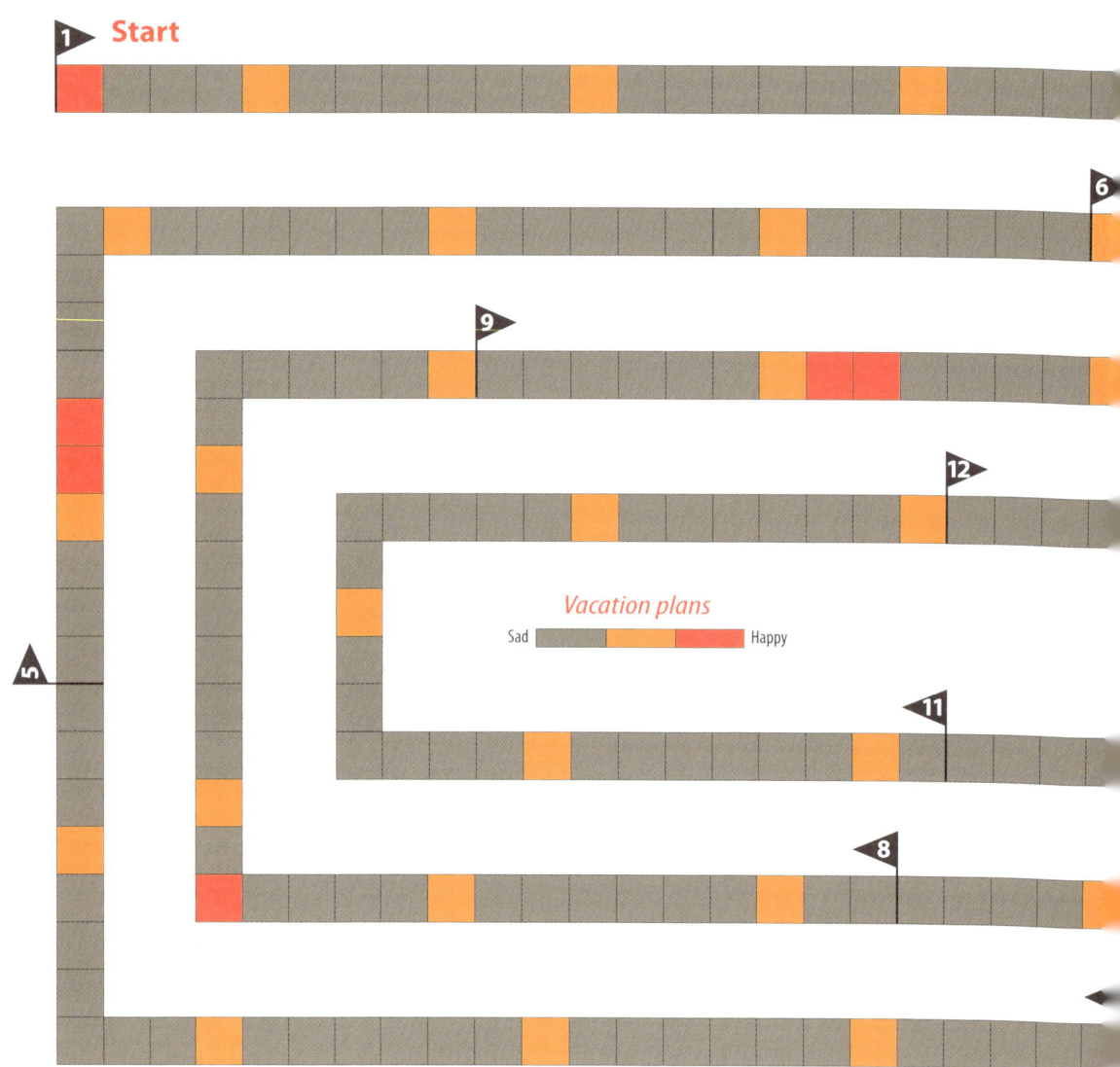

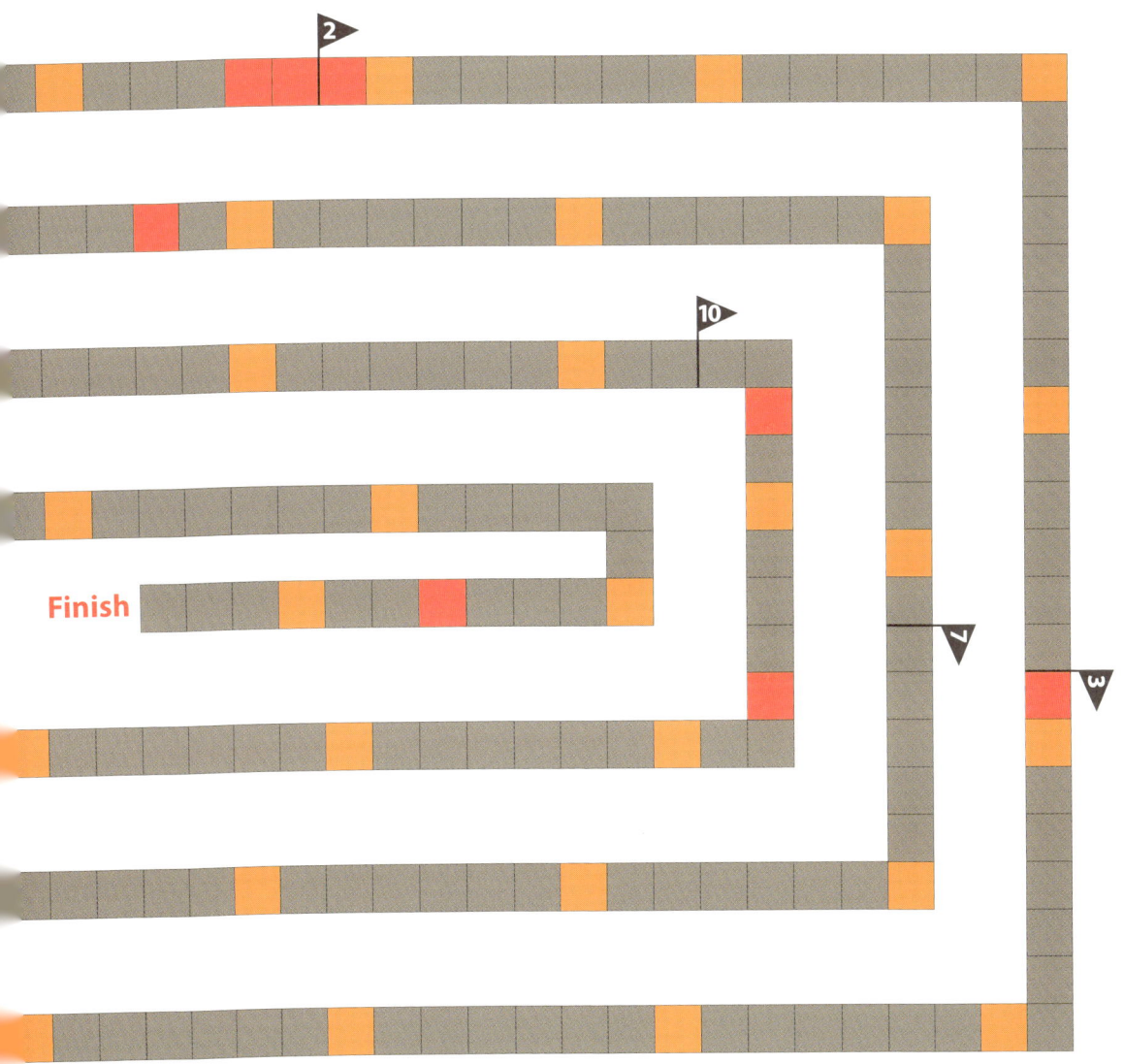

스마트한 세상은
PC시대의 종말을 예고한다.

세계 PC 판매량 2013년 1분기 판매량 전 년도에 비해13.9% 감소
1994년 집계 이후 가장 큰 폭으로 사상 최악

*Source : 동아일보 2013. 4. 12, IDC자료

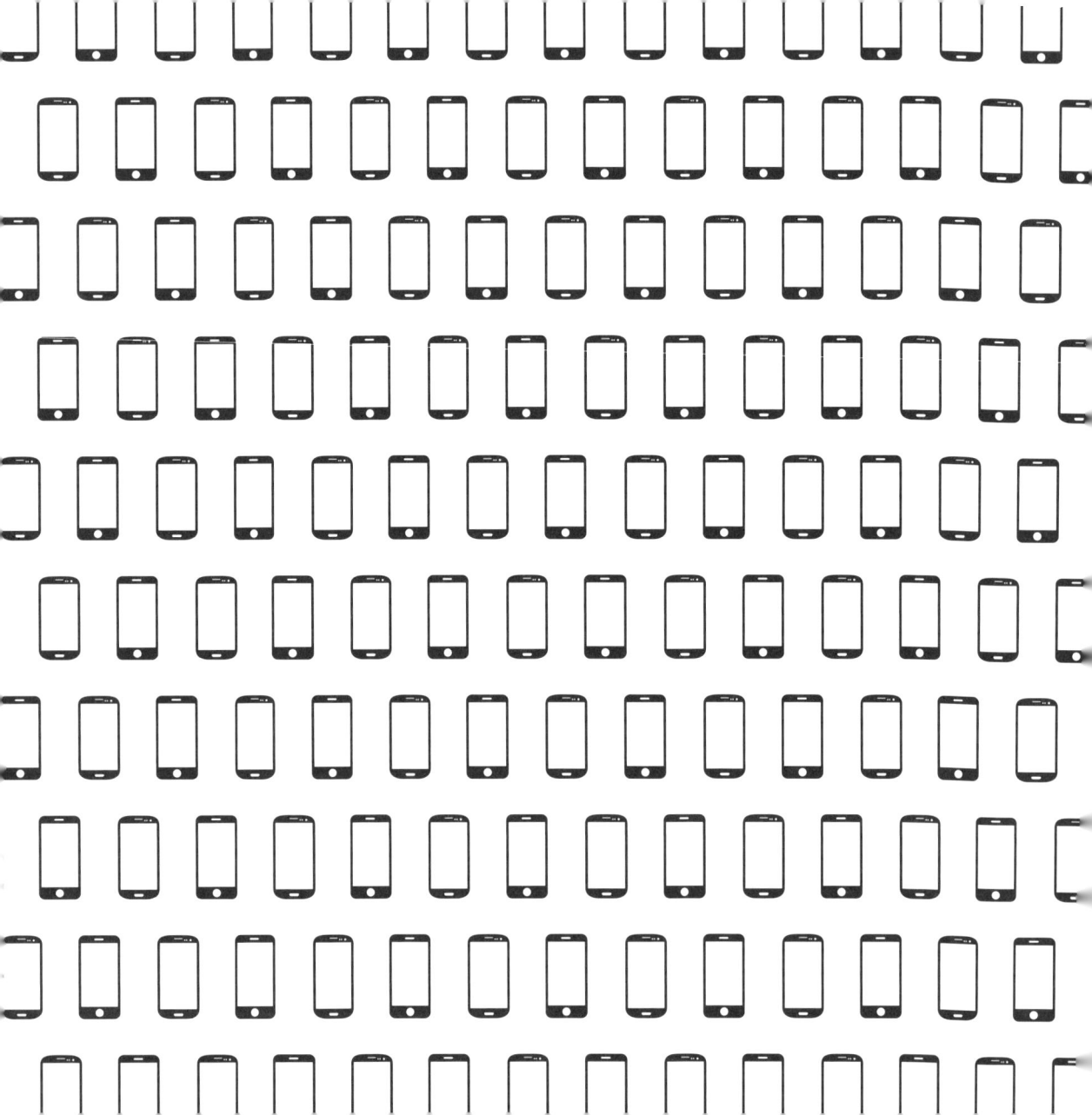

카톡카톡카톡..
우리 대화..
언제 했죠?

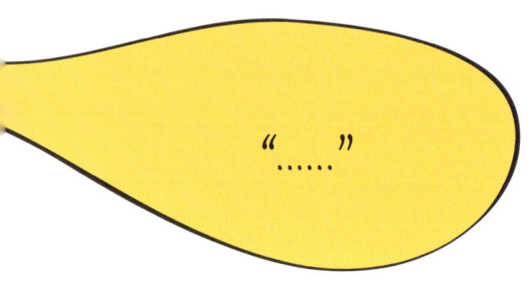

부인 : 오늘 저녁은?

김부장 : A사 제안 서류 좀 갖다 줘요!

그룹채팅 : 오늘 3시 회의엔 모두 참석요망

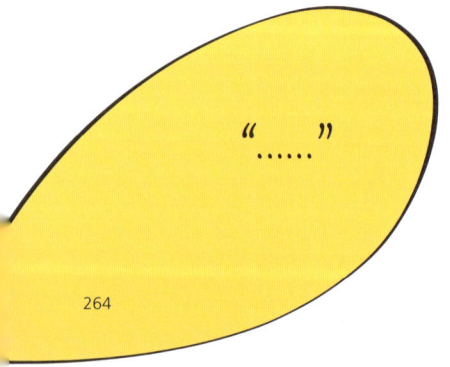

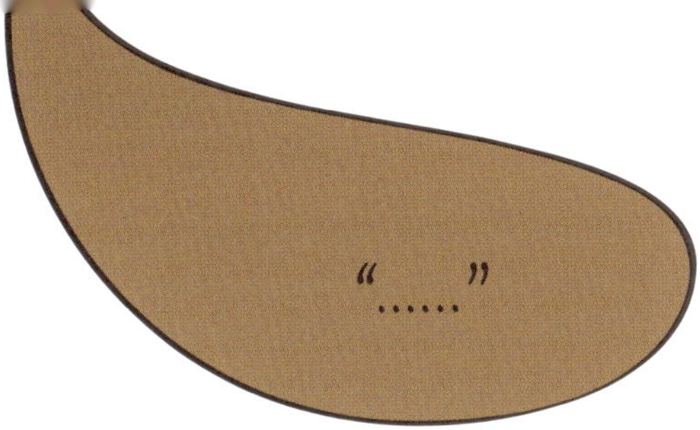

"……"

"……"

남편 : 오늘 부서 회식, 늦게 들어감.

이주임 : 네 그렇게 하겠습니다!

넵, OK, 알겠어요. 참석합니다.

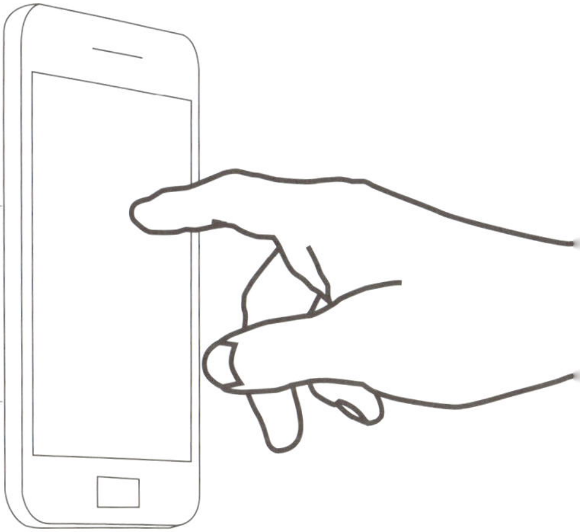

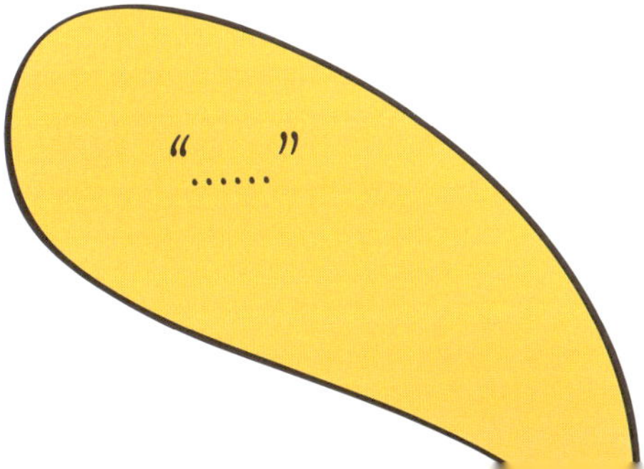

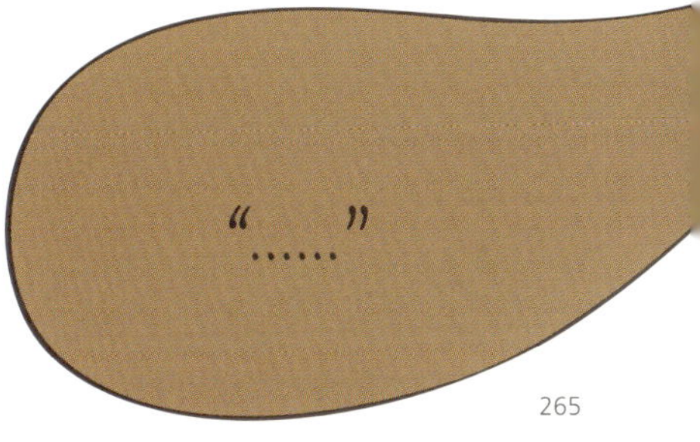

"……"

"……"

스마트 시대의 대화기술 = 스마트 수화

확대해 주세요.   치워 주세요.   열어 주세요.

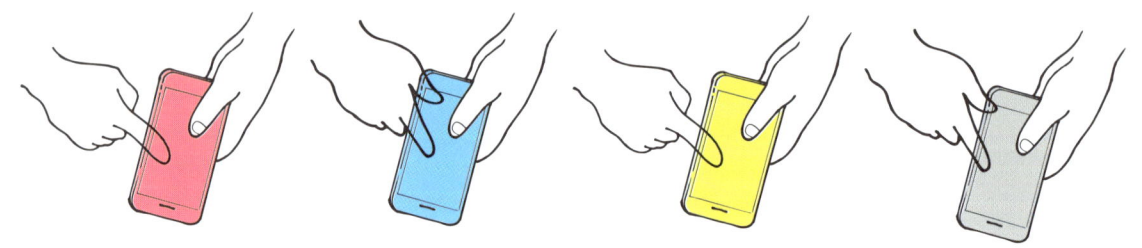

출근길에서…

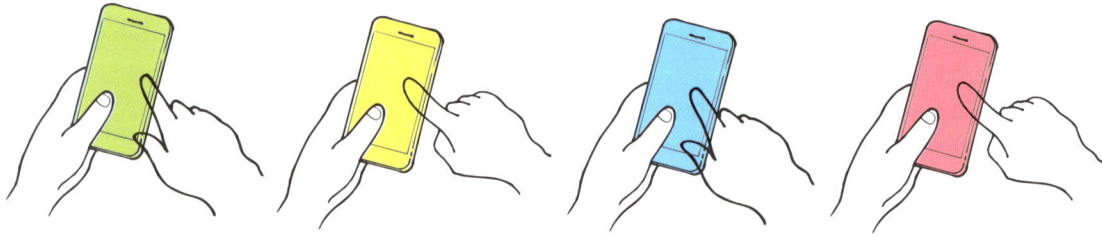

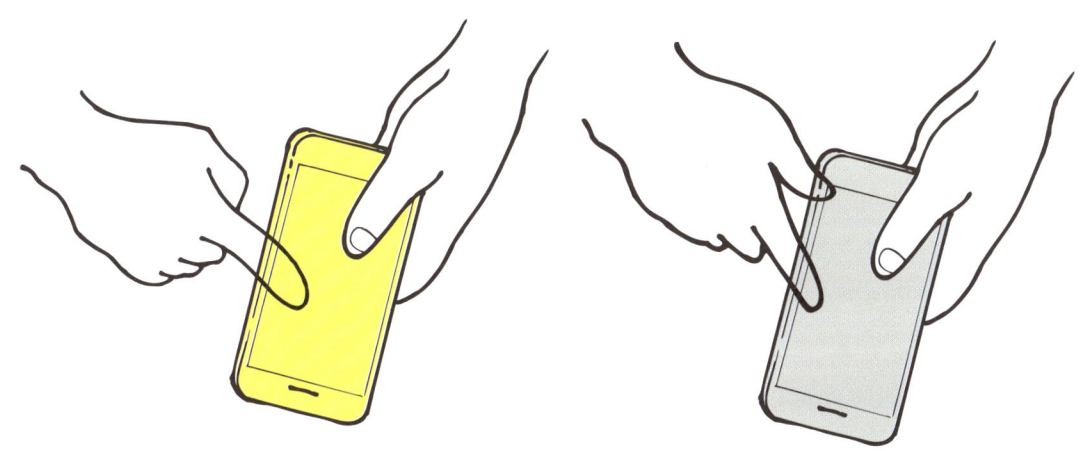

커피숍에서...

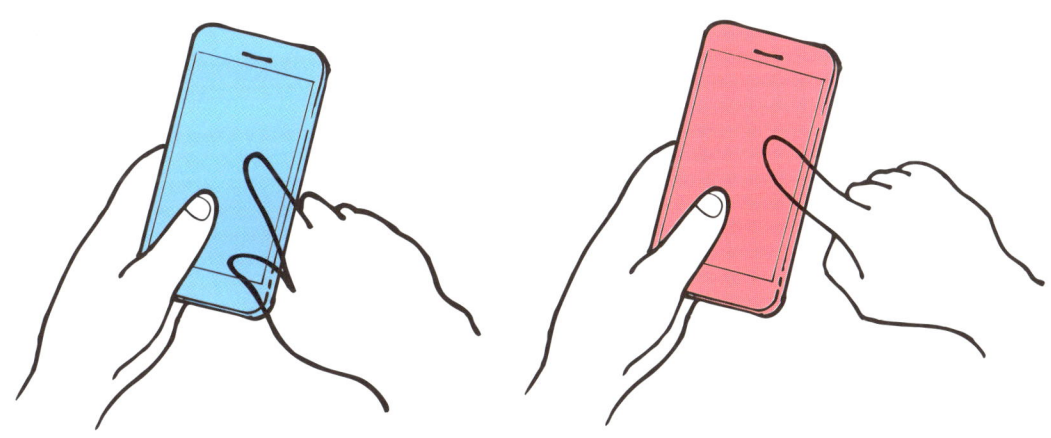

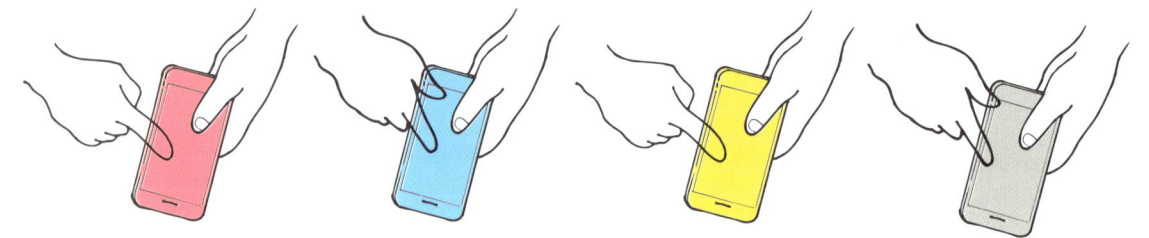

회의 시간에…

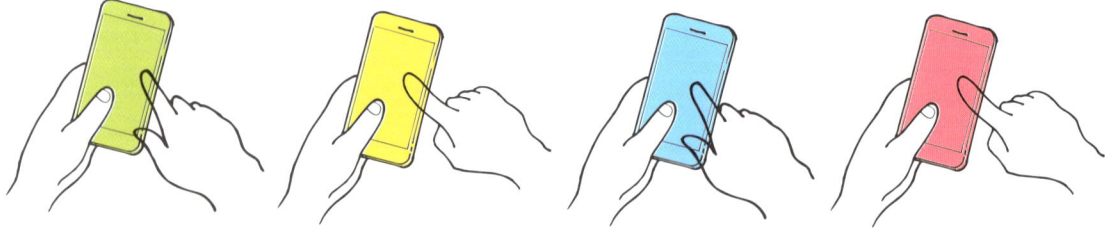

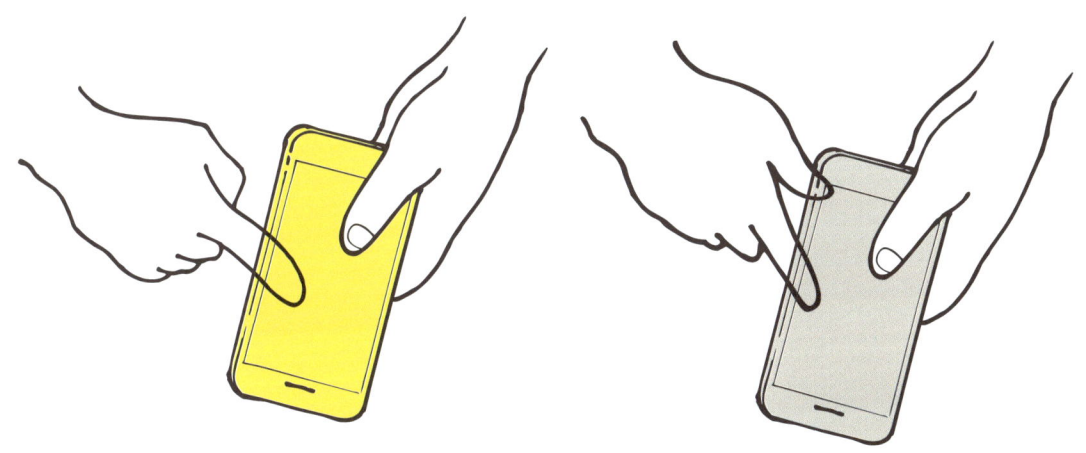

식사 시간에…

StockWave

1,036,51
(2008/11/21)

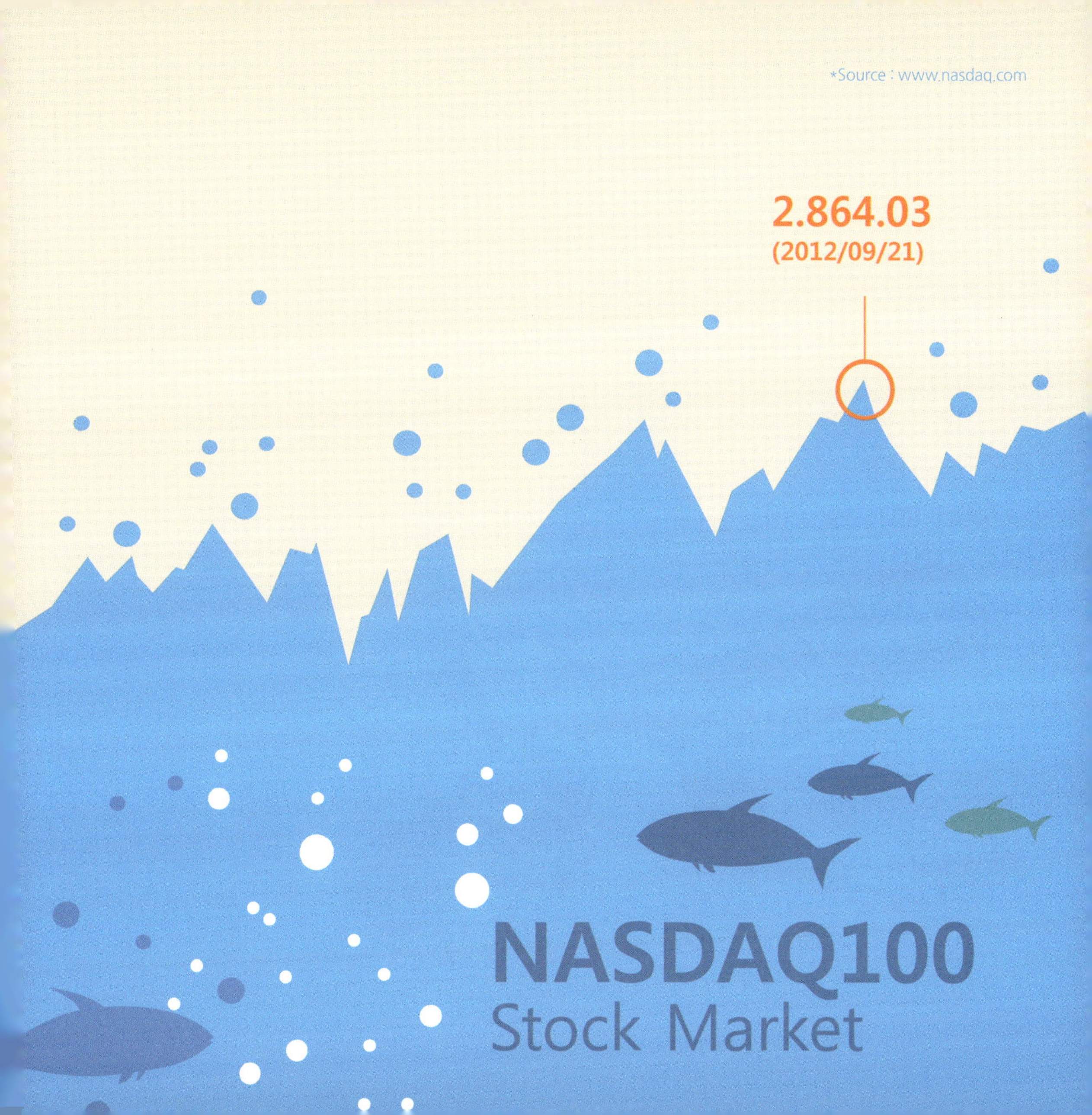

*Source : www.nasdaq.com

2.864.03
(2012/09/21)

NASDAQ100
Stock Market

*Source : 마케팅 불변의 법칙, 알리스/잭트라우트
http://openclipart.org_johnny_automatic, wirelizard

The Law of Leadership
사람들은 더 좋은 것 보다 맨 처음을 기억한다.

Charles Lindbergh

The Law of Leadership

스마트 시대에는 맨 처음도 중요하지만
사람들을 더 행복하게 해주는
브랜드가 기억된다.

*Source : www.interbrand.com의 2013년 상위 브랜드기준 적용
브랜드 로고는 소개 목적으로 사용되었습니다.

Shopping Movement

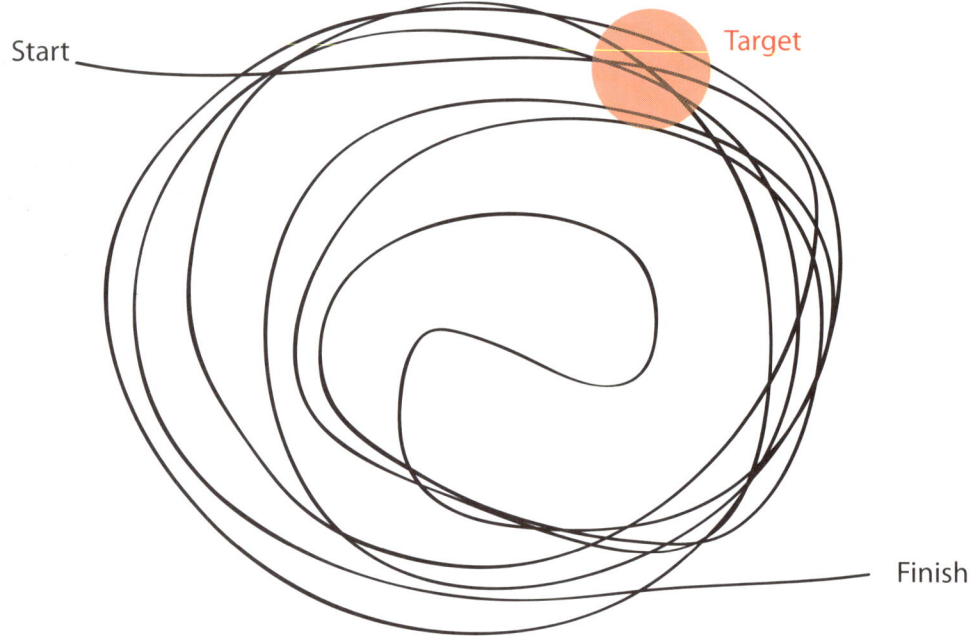

Female

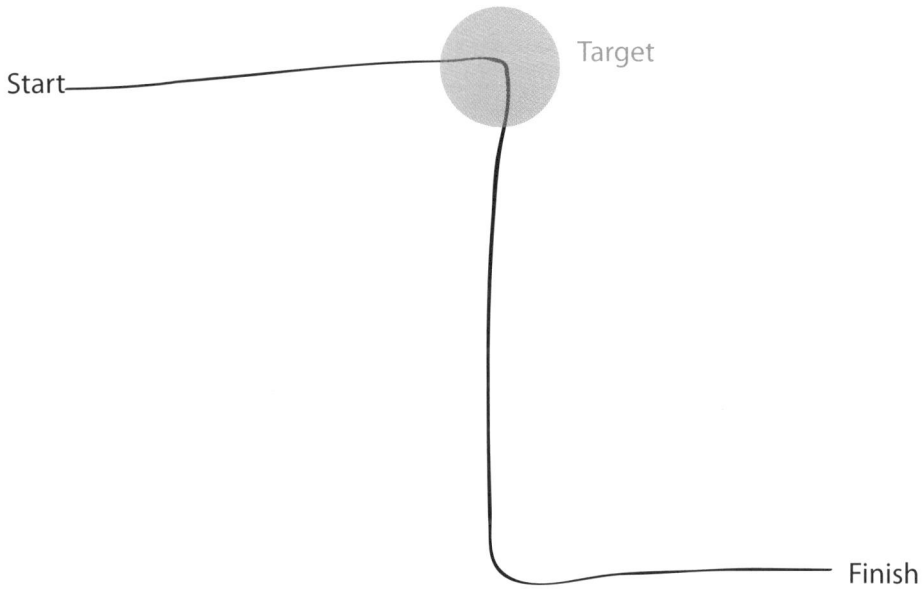

행복한 사람은 쇼핑을 하지 않는다
쇼핑은 우울 사회의 소비심리학이다.
- 박규상

여자에게 백화점이란..
눈에 넣어도 아프지 않은 곳

남자에게 백화점이란..
여친 손잡고 가는 해병대 캠프

- 개그콘서트, 개그레알사전 -

소비자는 어떻게 물건을 살까?
1920년대 오프라인 시대 AIDMA 모델

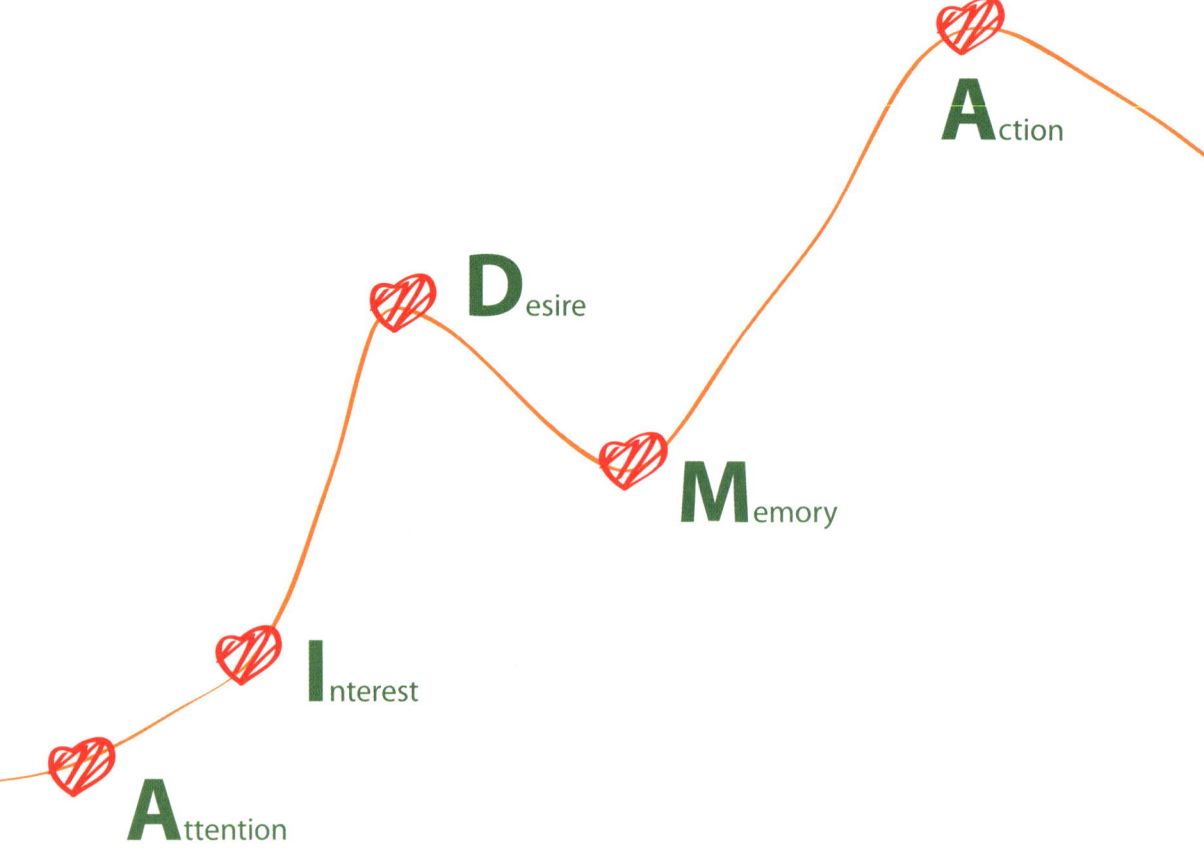

소비자는 어떻게 물건을 살까?
인터넷 시대 AISAS 모델

Attention

Interest

Search

Action

Share

검색 67.7%

*Source : 덴츠 크로스미디어 개발팀

소비자는 어떻게 물건을 살까?
스마트 시대 - 우울 사회의 소비 심리학

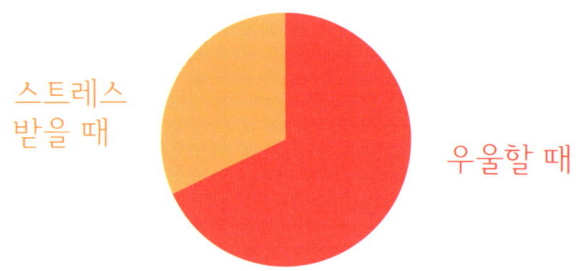

스트레스받아 우울한데
쿠폰 문자 날아올 때

*Source : 행복한 사람은 쇼핑을 하지 않는다, 박규상, 21세기북스

국가브랜드는 어떻게 측정될 수 있을까?

경제와 기업들은 경쟁력이 있는가?

과학과 기술은 뛰어난가?

인프라의 수준은 어떠한가?

정책과 제도는 효과를 거두고 있는가?

전통문화와 자연은 아름다운가?

현대문화의 척도는 어떠한가?

국민의 의식 수준은?

유명인의 영향력은 어느 정도인가?

....

SERI - PCNB NBDO 국가브랜드 종합순위

2012년 순위	실체			이미지		
	국명	'11	'10	국명	'11	'10
1	미국	1	1	미국	3	4
2	독일	2	2	독일	2	1
3	프랑스	3	4	영국	5	5
4	영국	5	3	일본	1	3
5	일본	4	5	스위스	9	6
6	스위스	6	6	스웨덴	7	8
7	호주	7	7	캐나다	4	2
8	스웨덴	8	8	프랑스	6	7
9	네덜란드	10	10	호주	8	10
10	캐나다	9	9	네덜란드	11	11
* 비고	한국(13위)	15	18	한국(17위)	19	19

*Source : 국가브랜드위원회, 삼성경제연구소 NBDO 2012

REPUBLIC OF KOREA

FINLAND

NETHERLANDS

AUSTRALIA

SWEDEN

JAPAN

ENGLAND

FRANCE

CANADA

REPUBLIC OF IRELAND

NORWAY

SWISS

GERMANY

UNITED STATES OF AMERICA

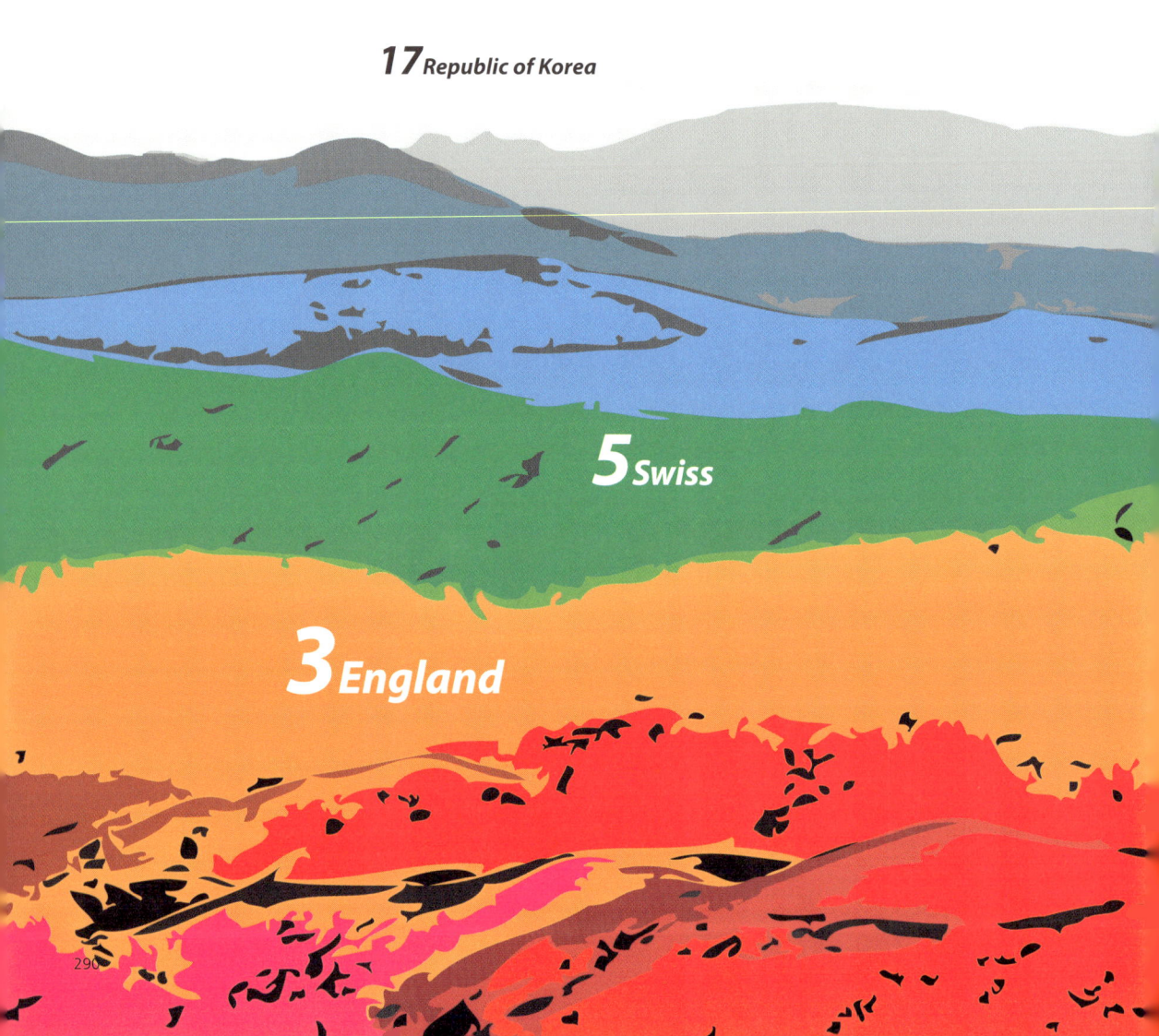

Nation Brand
Image Power

국가 브랜드 이미지가 좋은 나라는 어디일까?

*Source : 국가브랜드위원회, 삼성경제연구소 NBDO 2012

1
United States of America

2
Germany

5 Swiss

리더는 무엇입니까?

"누군가를 이끌기 위해
희생을 감수해야 하는 사람"

*Source : www.openclipart.org_chlopaya

리더는 무엇입니까?

"조직이나 단체 등의 활동을
주도하는 위치에 있는 사람"

리더는 무엇입니까?

"같은 곳을 바라보는 사람들과
함께 하기에 행복한 사람"

*Source : www.openclipart.org_johnny_automatic

나 홀로 화이팅!

밀어주고, 끌어주고

파트너십이 있어야 합니다.

육각형의 비밀

협력 프로세스가 필요합니다.

스마트한 전사 관리를 구축해야 합니다.

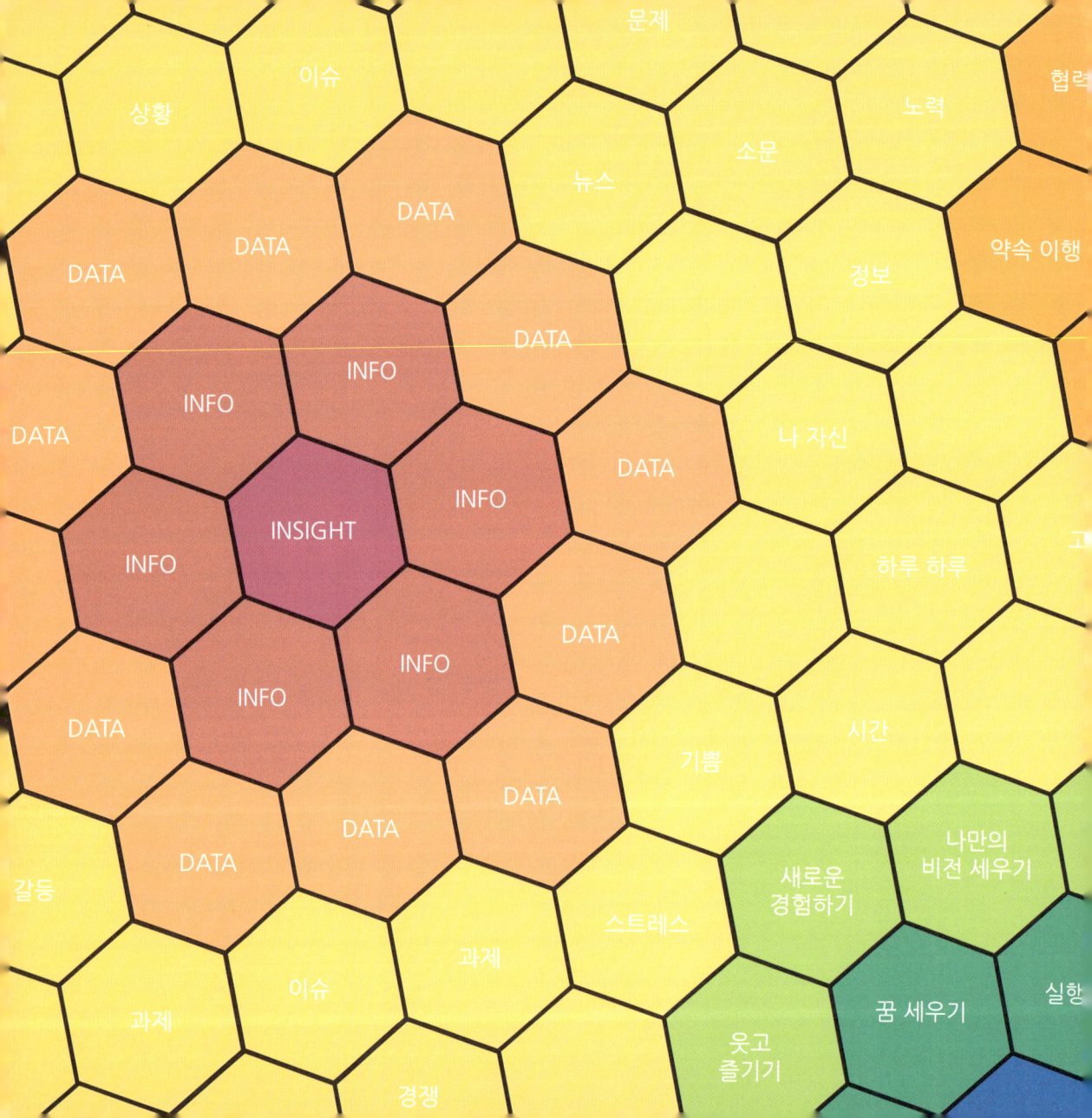

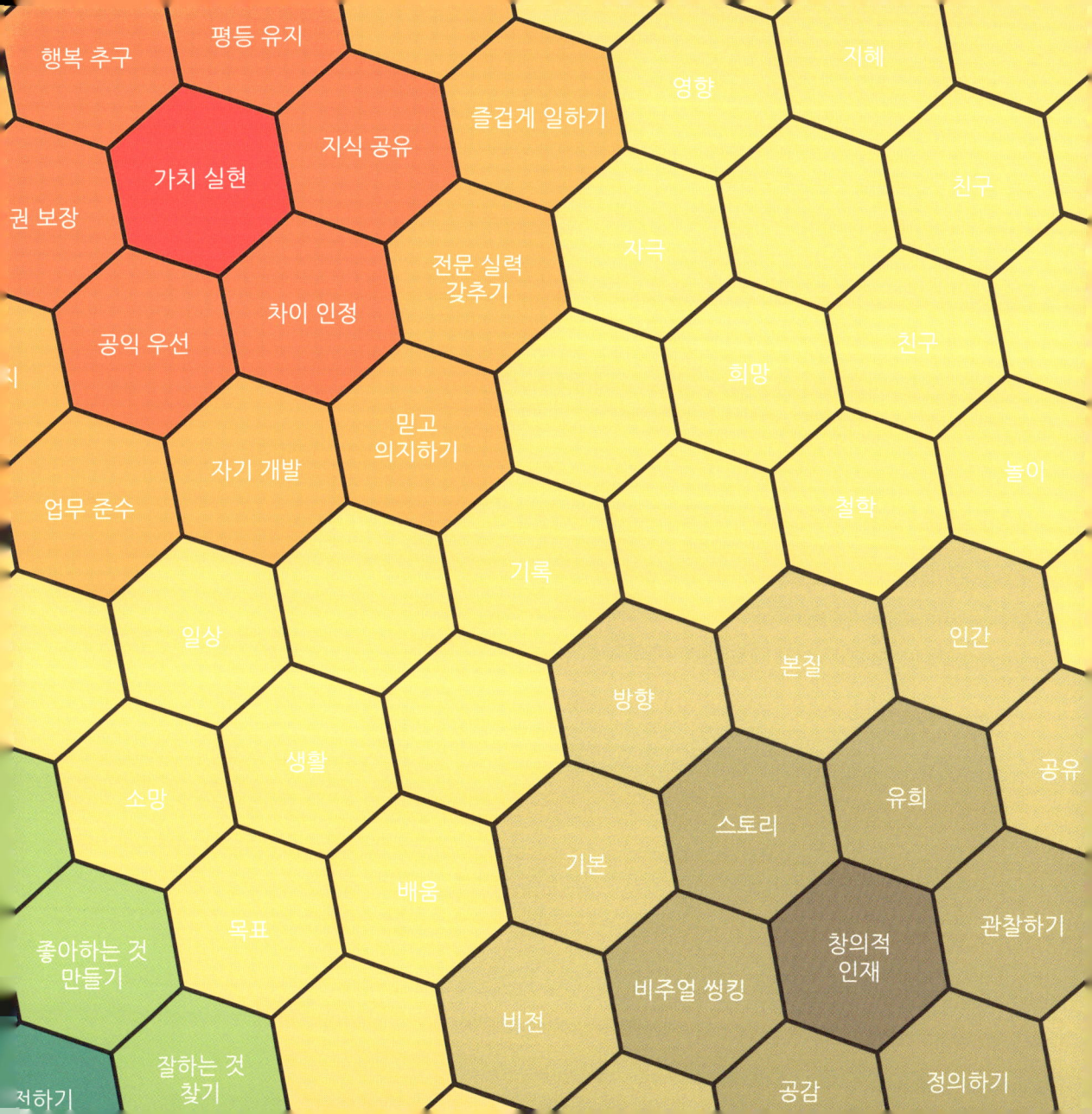

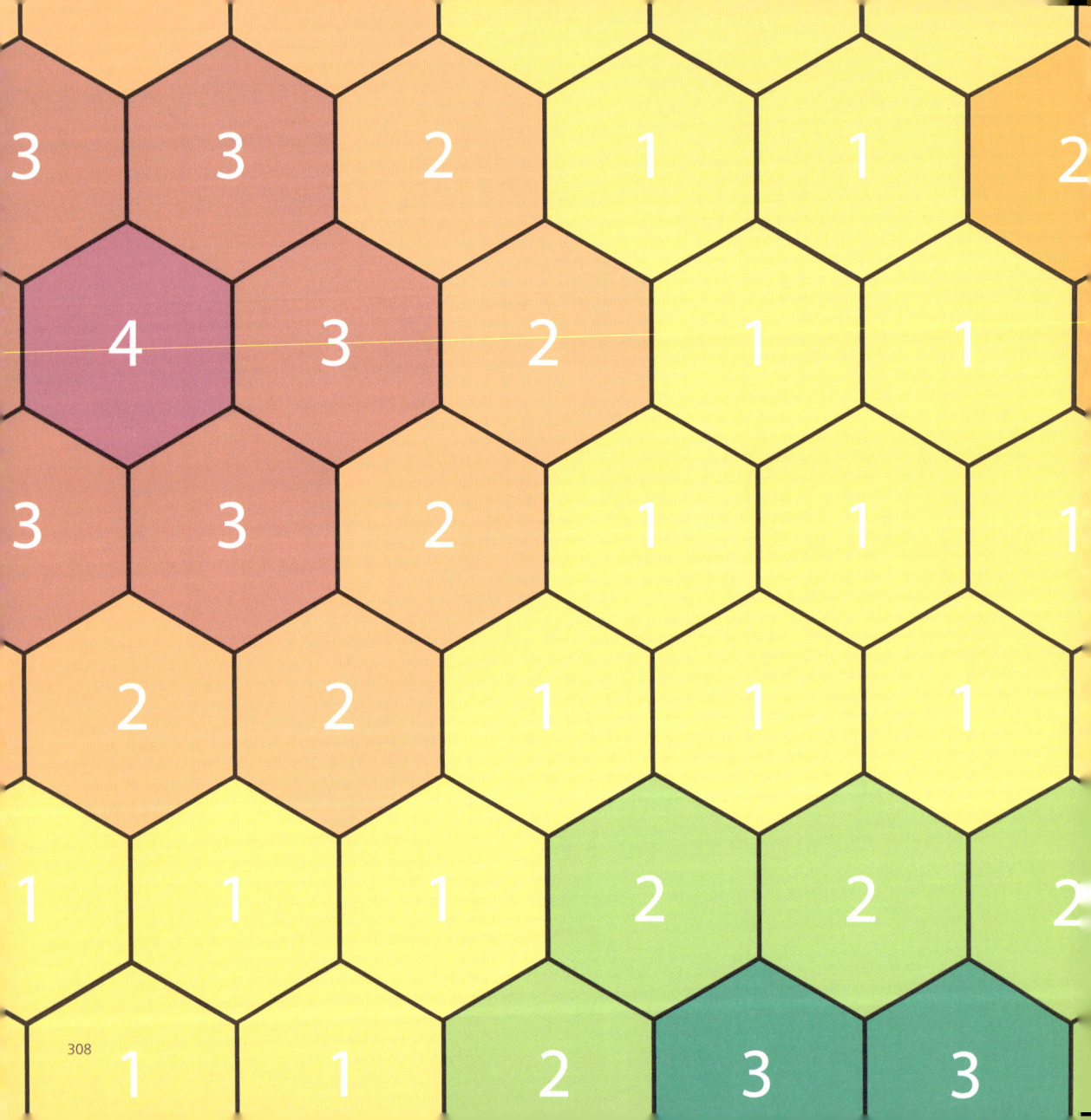

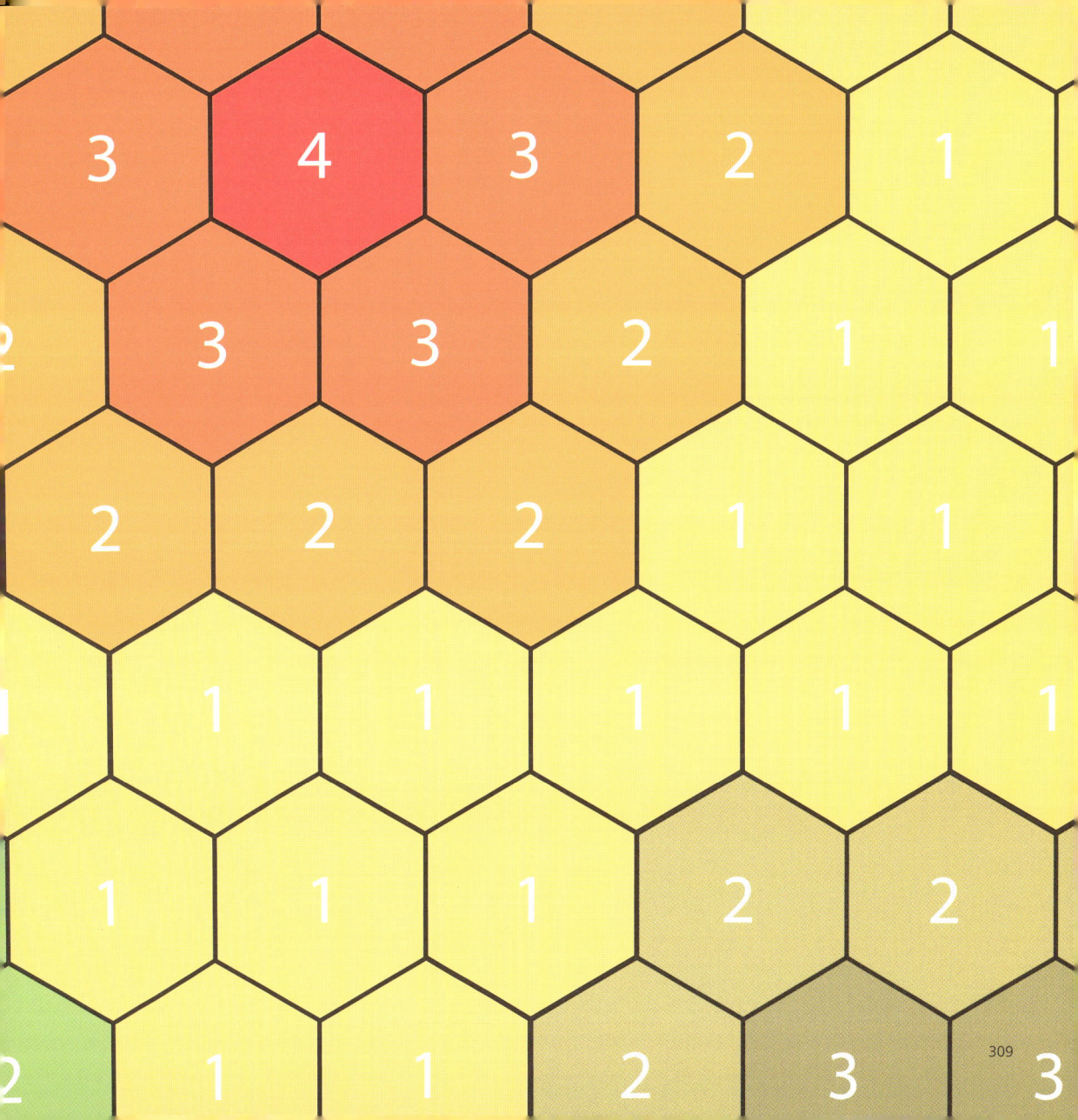

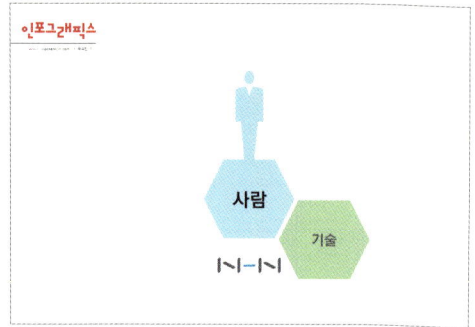
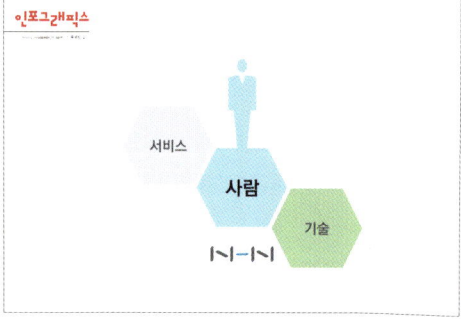
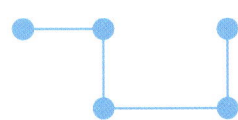

한국인이 즐겨 먹는 음식 중
나트륨 함량 음식 1위는 '짬뽕'

짬뽕(1,000g)은 4,000mg

우동(1,000g)은 3,396mg

간장게장(250g)은 3,221mg

열무냉면(800g)은 3,152mg

김치우동(800g)은 2,875mg

*Source : 식품의약품안전처, 외식 영양성분 자료집 2013

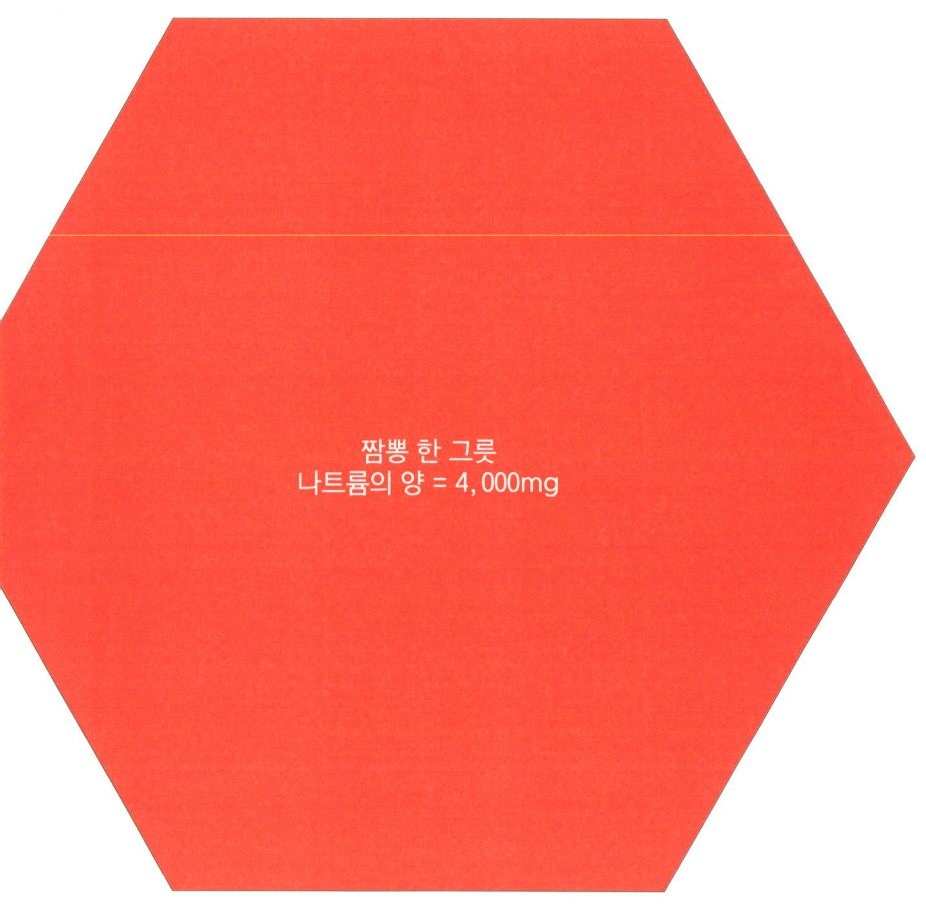

김치 우동 한 그릇
1인분의 나트륨의 양 = 2,875mg

Special K
나트륨의 양 = 224mg

*Source : 식품의약품안전처, 외식 영양성분 자료집 2013

Korean
Salt

세계보건기구(WHO)
1일 나트륨 섭취 권장량 2000mg

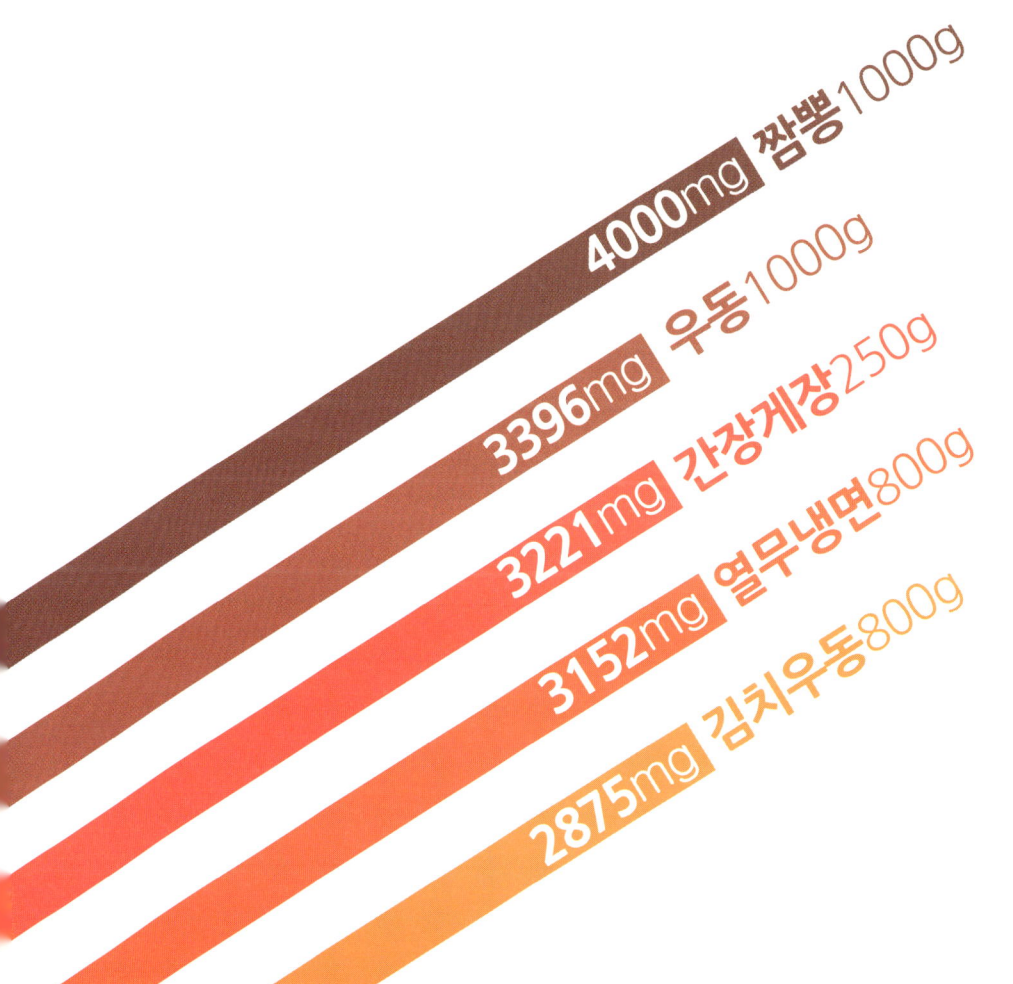

감자튀김 하나 주세요!

여기 소금 한 줌 주세요!

세계보건기구의 나트륨 일일 권장량은 2,000mg으로 소금으로는 5g에 해당하는 양. 우리가 즐겨 먹는 햄버거는 1,040~1,590mg의 나트륨이 들어있다.

일주일 동안 드신 소금입니다.

Fruits

Red Seedless Grapes
1 serving (126g - 4% waste)
Sugars, total: 20g
Calories, total: 88
Calories from sugar: 80

Pineapple
1 serving (112g - 50% waste)
Sugars, total: 9g
Calories, total: 50
Calories from sugar: 36

*Source : http://www.sugarstacks.com

20g

9g

Coca Cola

12 oz (355 ml) Can
Sugars, total: 39g
Calories, total: 140
Calories from sugar: 140*

20 oz (590 ml) Bottle
Sugars, total: 65g
Calories, total: 240
Calories from sugar: 240

1 Liter (34 oz) Bottle
Sugars, total: 108g
Calories, total: 400
Calories from sugar: 400

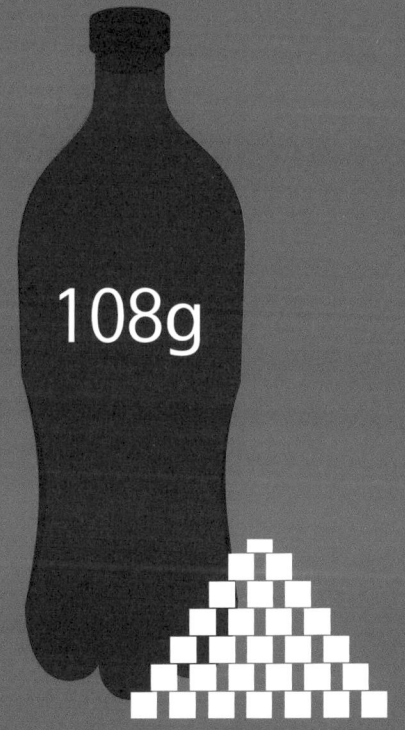

대한민국 2가구 중 1가구는 금융부채를 안고 있으며,
2012년 국민 전체 가구 중 56.2%가 금융부채를 가짐(2011년은 53.7%)

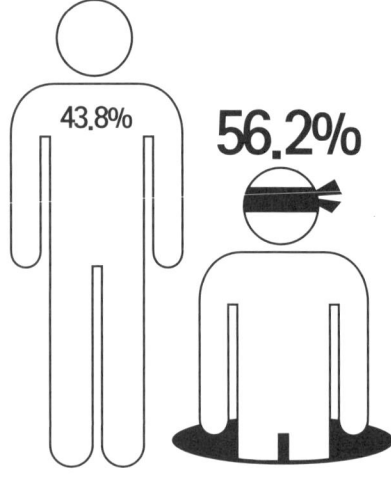

2012~2013년 중에 전체 담보대출의 46%에 달하는 대출이 만기에 도달하거나 거치기간이 종료된다.
대출 중 부동산 구입용은 50.9%, 사업용 34.9%, 생계형 14.6%

개인들이 버는 돈의 1/8을 은행 빚 갚는 데 사용하며, 점차 늘고 있고,
원리금 상환비율은 12.9%(전년도 11.4%)

100가구 중 10가구가 자신이 버는 돈의 40%를 은행빚을 갚는 데 사용하며,
소득 대비 원리금 상환부담률(DSR)이 40%를 초과한 과다채무가구 9.9%

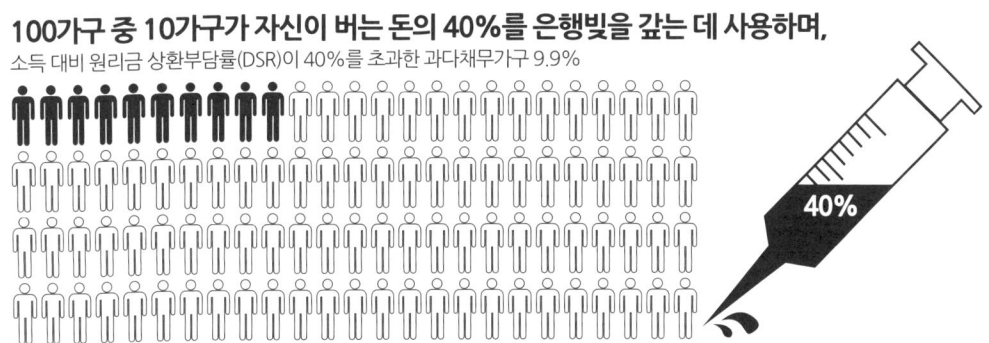

OECD 국가들의 가처분소득 대비 가계부채 비율 증가 폭에서 한국은 매우 빠르다.
(2005년 대비 2010년 증가폭)

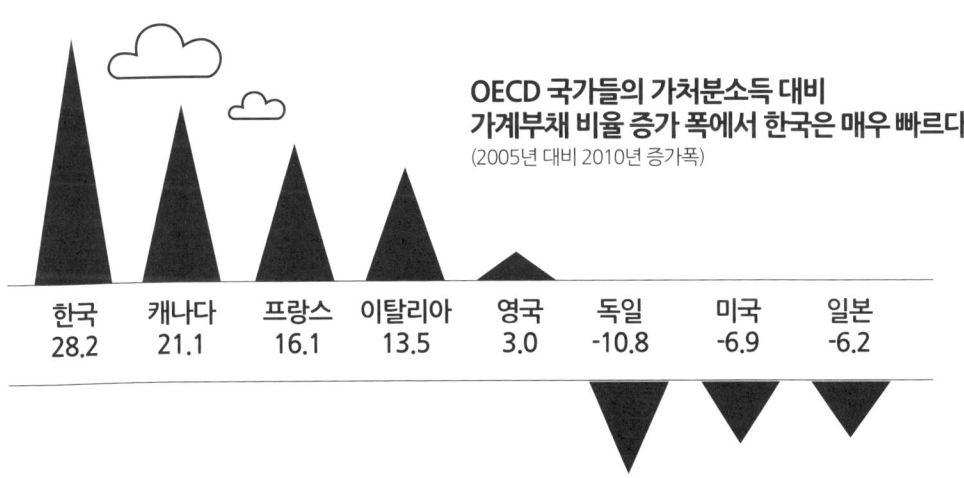

한국 28.2 / 캐나다 21.1 / 프랑스 16.1 / 이탈리아 13.5 / 영국 3.0 / 독일 -10.8 / 미국 -6.9 / 일본 -6.2

*Source : 한국신용정책보고서, 한국은행 2012. 04
OECD Economic Outlook, OECD, 2012. 05

부채는 독버섯처럼 자란다.

내 집 마련의 꿈은
채무자의 길을 인도했다.

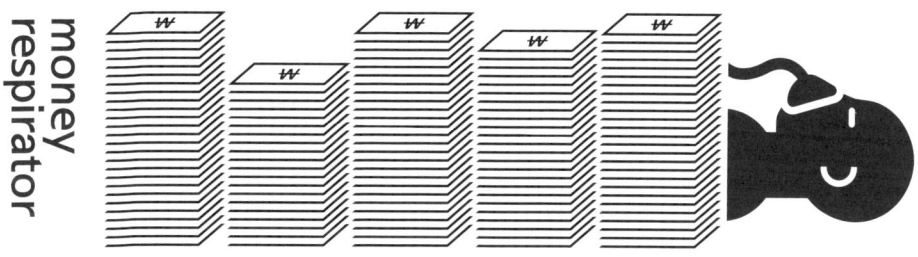

가계 부채 1000조 시대

money respirator

2012년 말 959조 원 돌파, 2002년에 비해 10년 사이에 두 배로 증가

*Source : www.thenounproject.com

누구나 말할 수 있는
미래의 희망과 비전보다

*Source : http://openclipart.org_gnokii

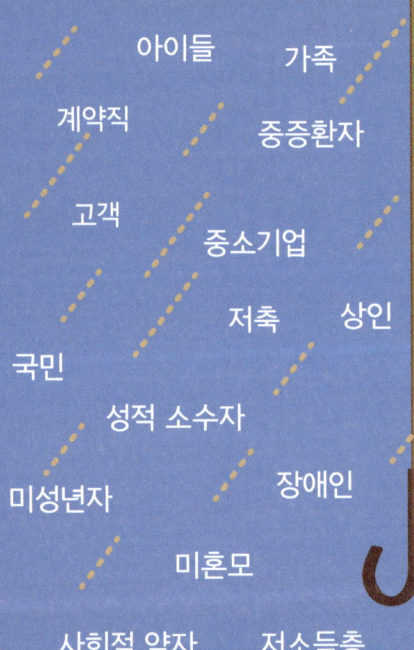

당장 나눌 수 있는
작은 실천이 필요합니다.

요즘 잘 주무십니까?

2013

평균 기상 시간
오전 6시 45분

평균 취침 시간
오후 11시 38분

평균 수면 시간
7시간 8분

*Source : 한국갤럽 한국인의 생활시간 2013년 3월, www.gallup.co.kr

요즘 잘 주무십니까?

2009　　　　**2004**

평균 수면 시간
7시간 50분

평균 수면 시간
7시간 49분

*Source : 통계청 생활시간 조사 2004, 2009, http://kostat.go.kr

beyond
YU-NA KIM

2009
ISU 4대륙 피겨스케이팅
챔피언십 여자 싱글 1위

2009
ISU 세계 피겨스케이팅
챔피언십 여자 싱글 1위

2009
ISU 그랑프리 파이널
여자 싱글 1위

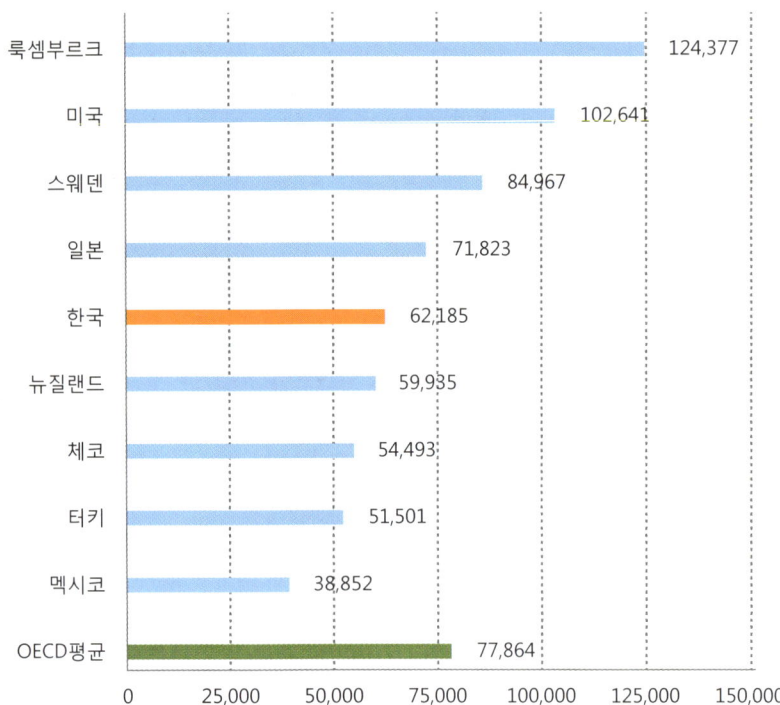

*Source : 대한민국 산업통상자원부 2013. 4. 26

우리의 노동 생산성은 얼마나 될까?

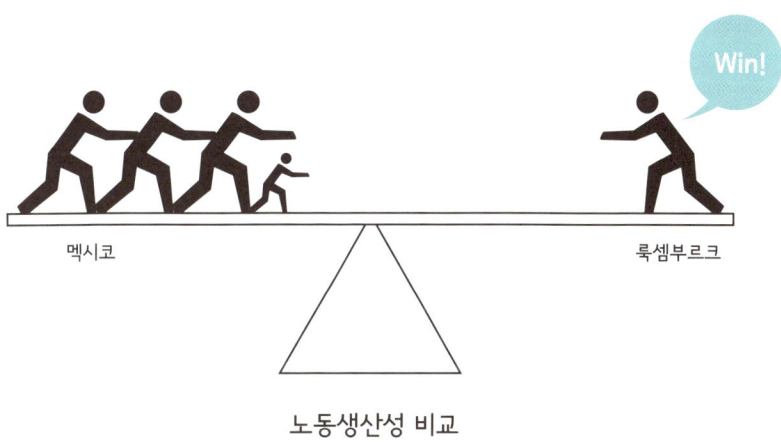

노동 생산성 = 부가가치 / 취업자수(또는 총노동시간)

노동 생산성이 낮은 이유는 뭘까?
2011년 국가별 취업자당 노동생산성 국제비교(PPP)

룩셈부르크
124,377

대한민국
62,185

멕시코
38,852

OECD 평균
77,864 US$

일본
71,828

미국
102,641

뉴질랜드
59,935

*Source : 대한민국 산업통상자원부 2013. 4. 26

노동 생산성이 낮은 이유는 뭘까?

2011년 국가별 취업자당 노동생산성 국제비교(PPP)

룩셈부르크
124,377

대한민국
62,185

멕시코
38,852

OECD 평균
77,864 US$

일본
71,828

미국
102,641

뉴질랜드
59,935

노동생산성 체감온도
2011년 국가별 취업자당 노동생산성 국제비교(PPP)

스마트 시대의 일 잘하는 나라는?
2011년 국가별 취업자당 노동생산성 국제비교(PPP)

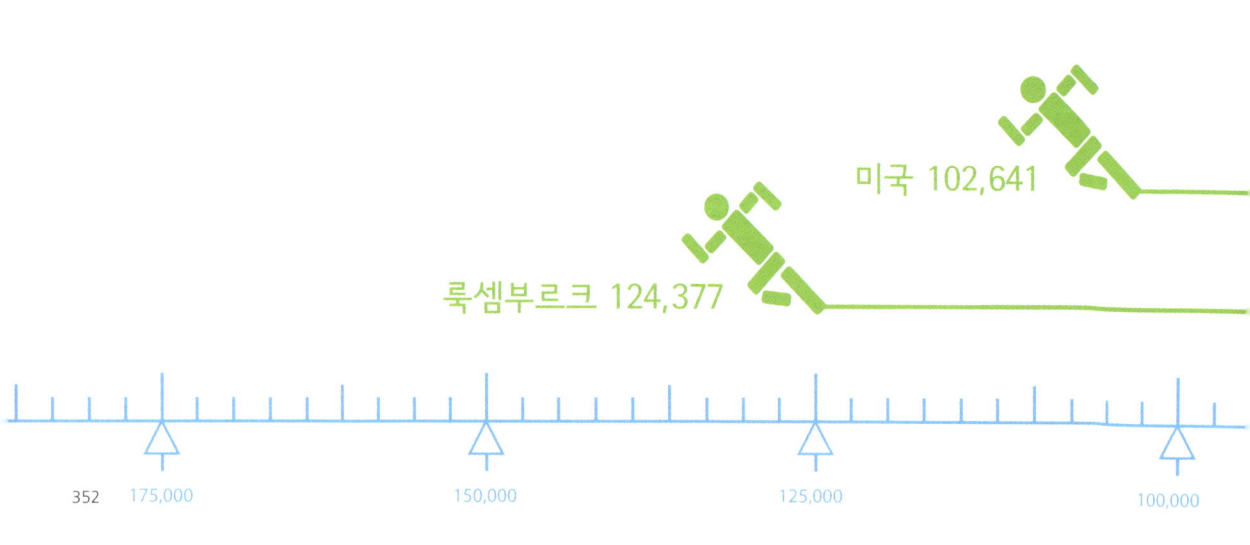

*Source : www.openclipart.org_shokunin

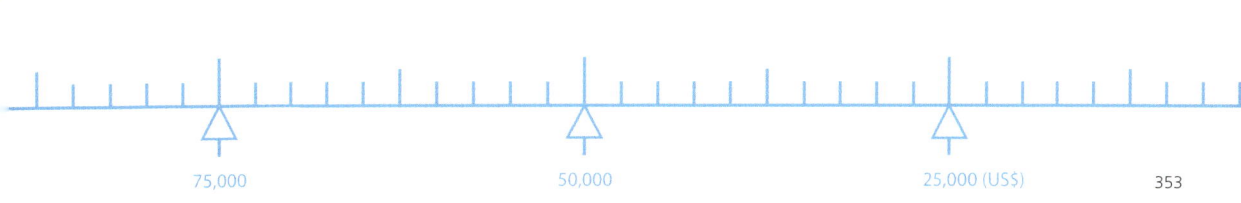

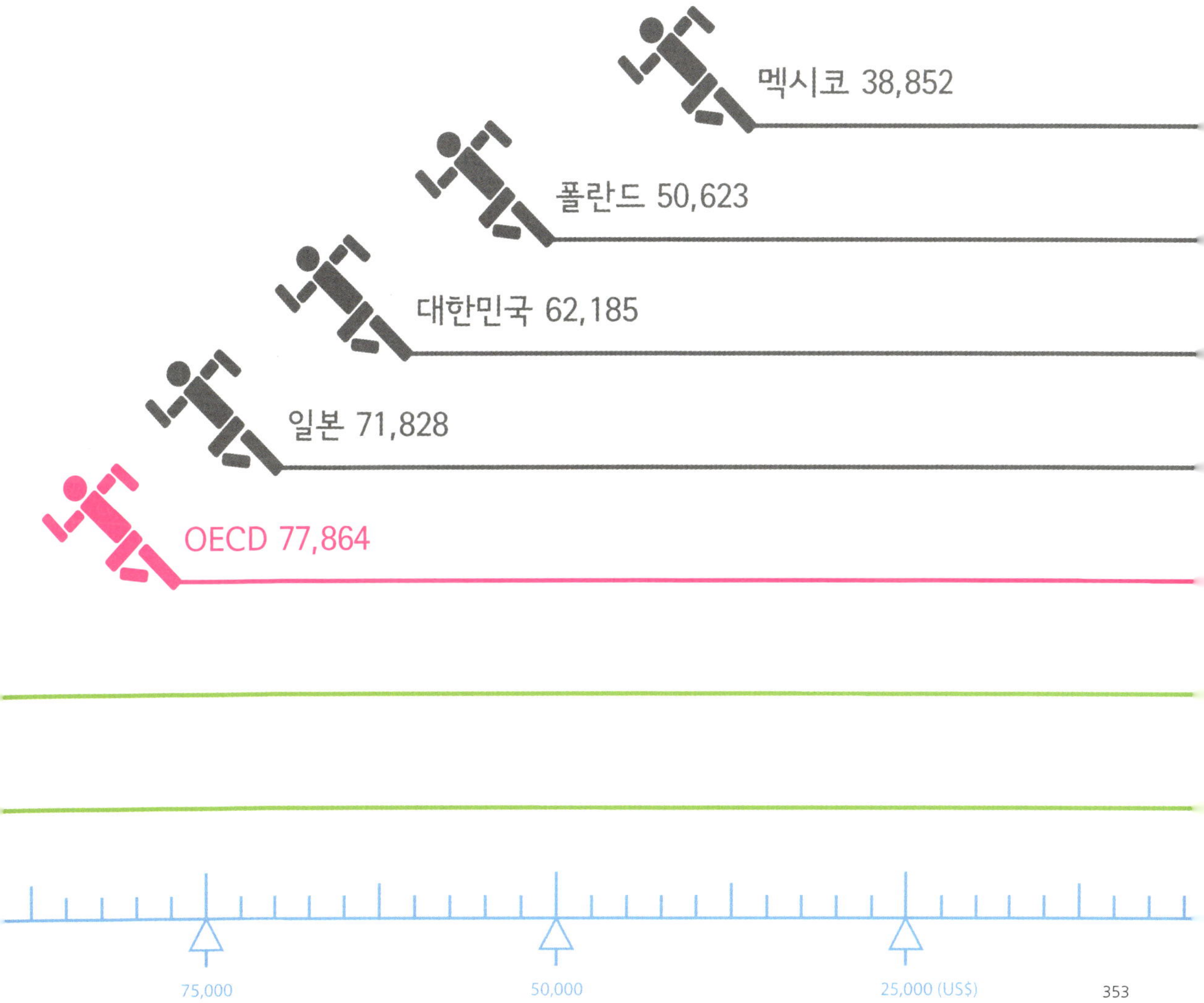

누가 더 효율적으로 일할까?
2011년 국가별 취업자당 노동생산성 국제비교(PPP)

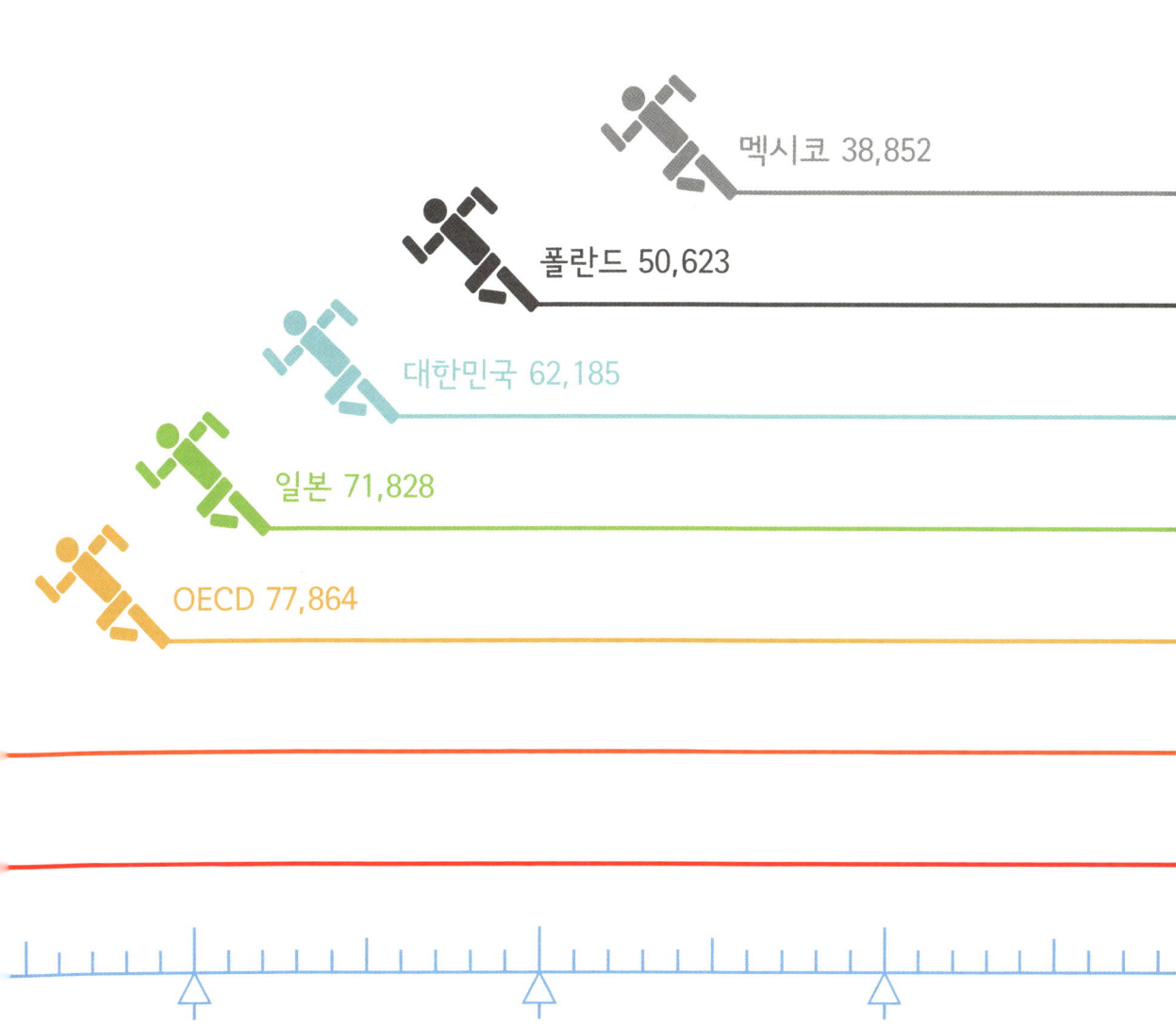

우리는 얼마나 많은 일을 하고 있을까?
OECD 국가별 연간 노동시간

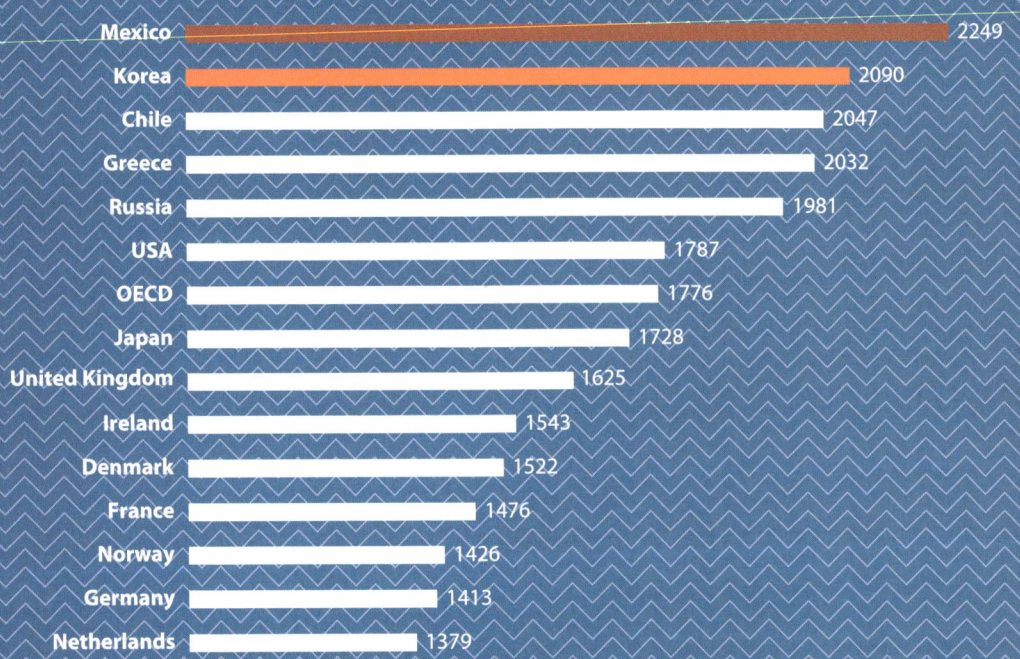

*Source : OECD, http://stats.oecd.org

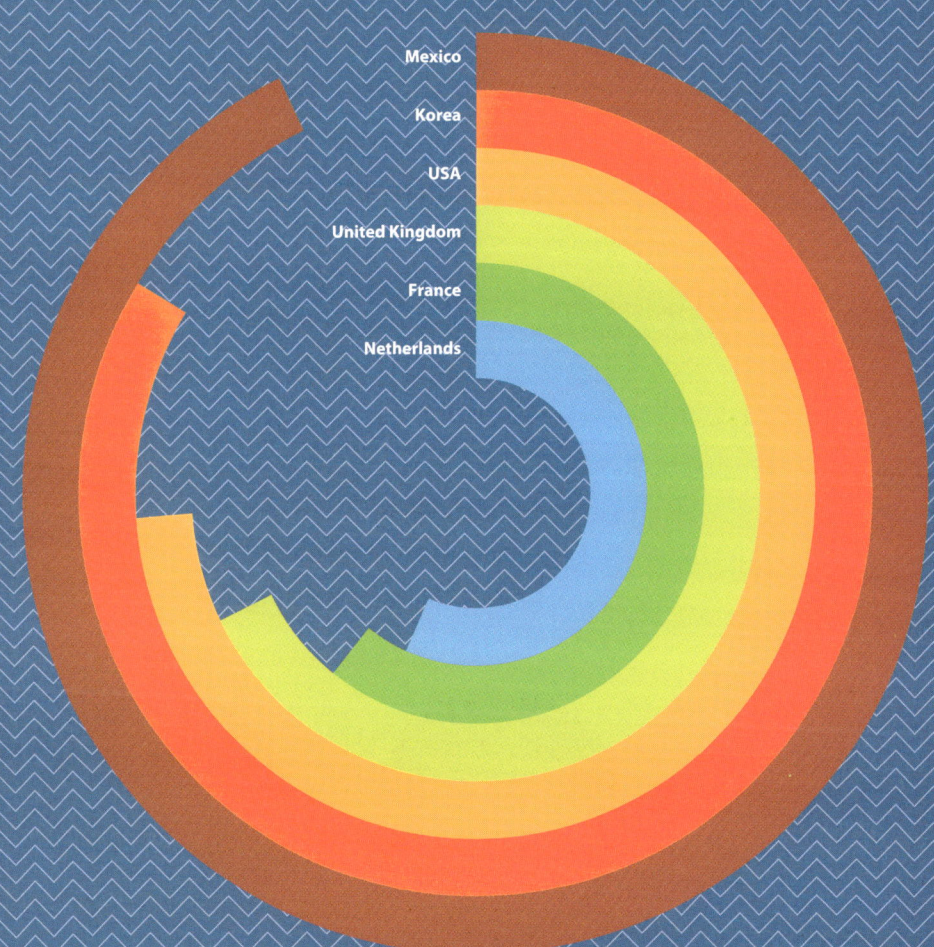

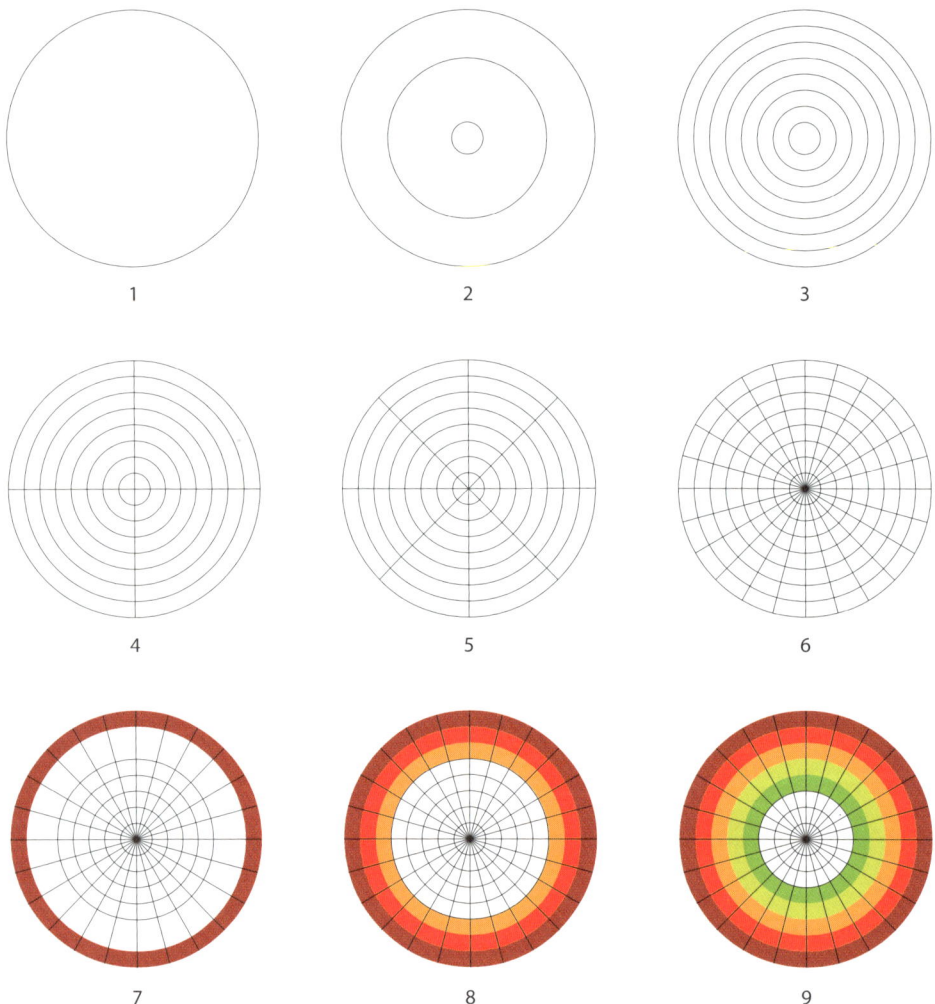

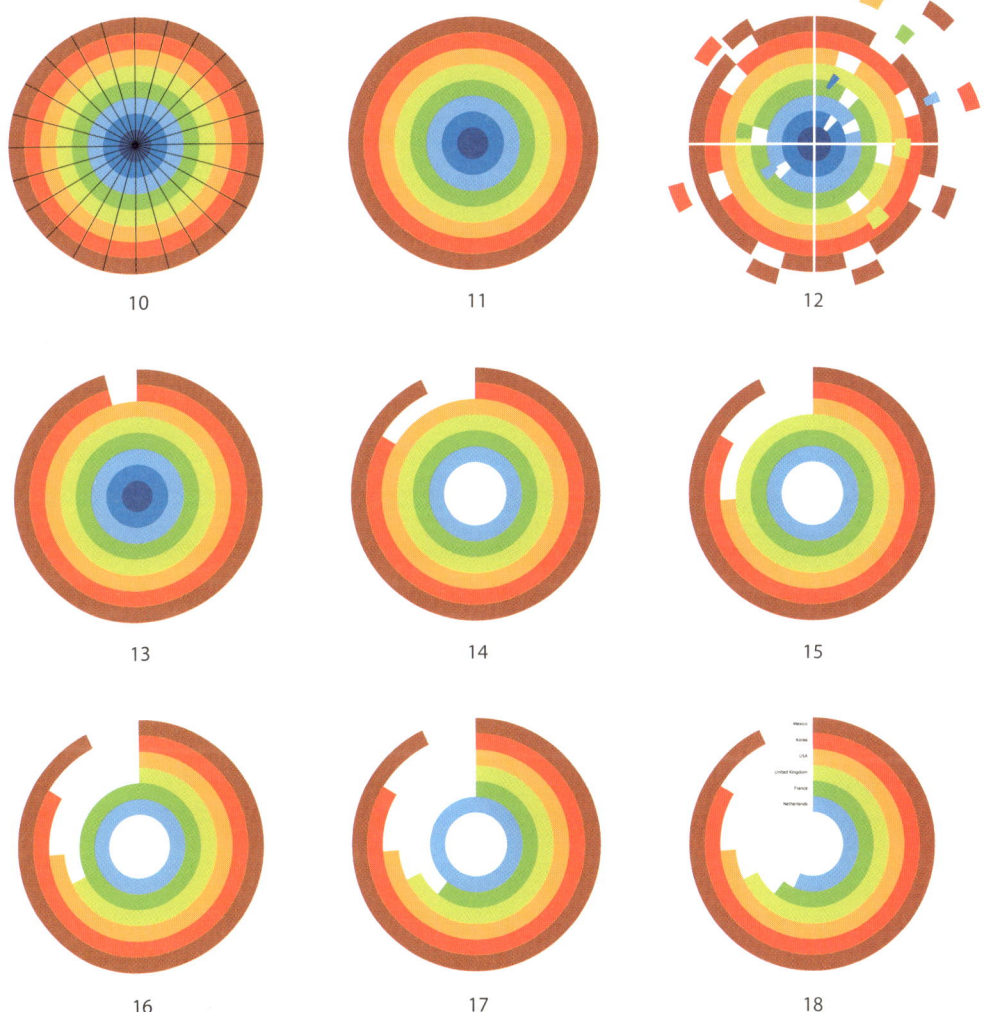

일을 즐겨라!
잡 크래프팅(Job Crafting)

일이 즐거워야 개인도 기업도 살 수 있다. 스마트 시대에서 일은 이제 단지 돈벌이 그 이상의 가치를 지녀야 한다. 잡 크래프팅은 자신에게 주어진 업무를 스스로 변화시켜 일을 더욱 의미 있게 만드는 모든 활동을 말한다. 잡 크래프팅을 통하여 개인은 일에 대한 통제력과 자긍심을 높이고, 기업은 성과를 향상시킬 수 있다.

1 자신의 일에 긍정적인 의미 부여

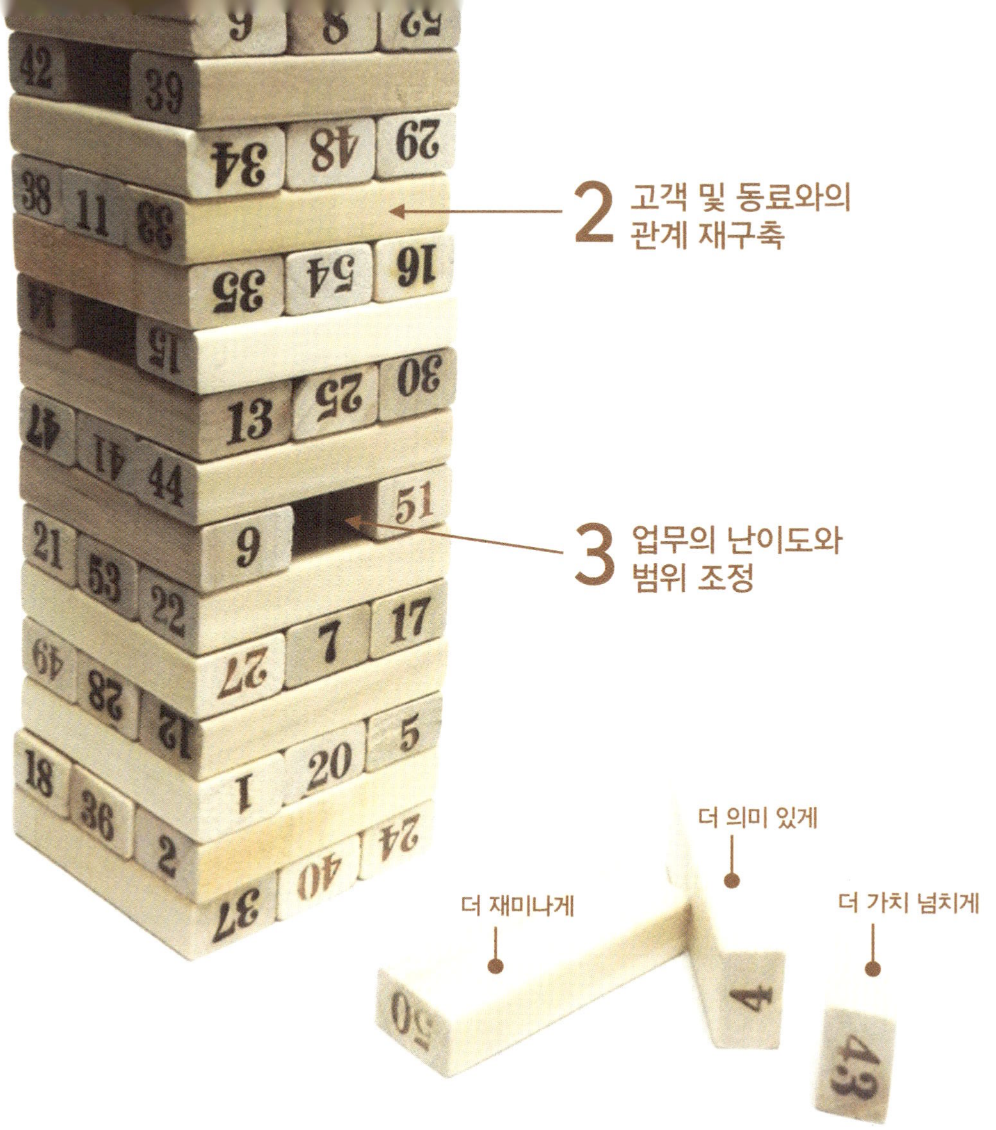

2 고객 및 동료와의
관계 재구축

3 업무의 난이도와
범위 조정

더 가치 넘치게

더 의미 있게

더 재미있게

*Source : SERI 보고서 - Job crafting, 일이 즐거워지는 변화

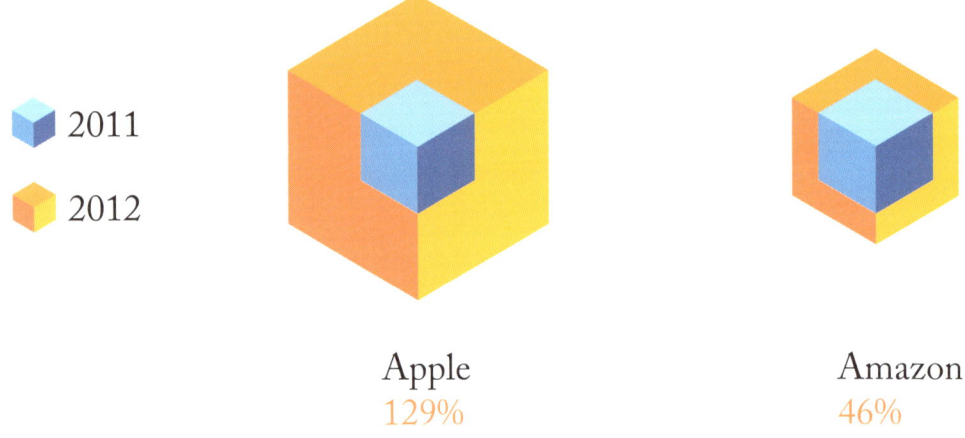

Best Global Brands
Top risers of 2012

Samsung   Nissan   Oracle
40%   30%   28%

*Source : www.interbrand.com

Best Global Brands
Top risers of 2012

Samsung
40%

Nissan
30%

Oracle
28%

Best Global Brands
Top risers of 2012

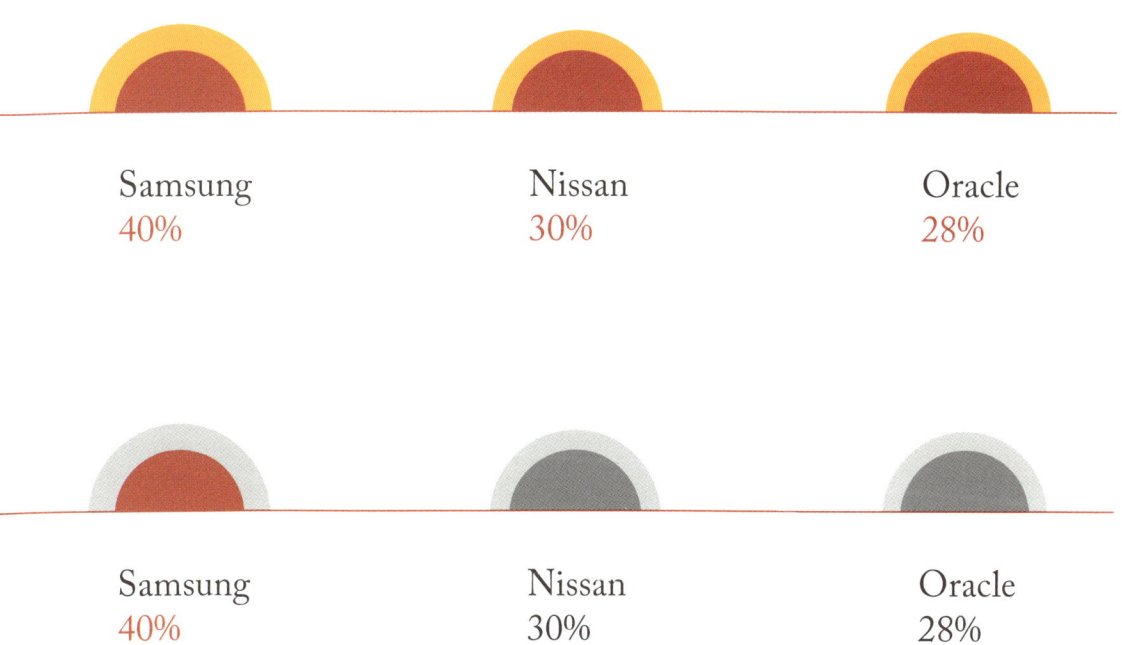

Samsung
40%

Nissan
30%

Oracle
28%

Samsung
40%

Nissan
30%

Oracle
28%

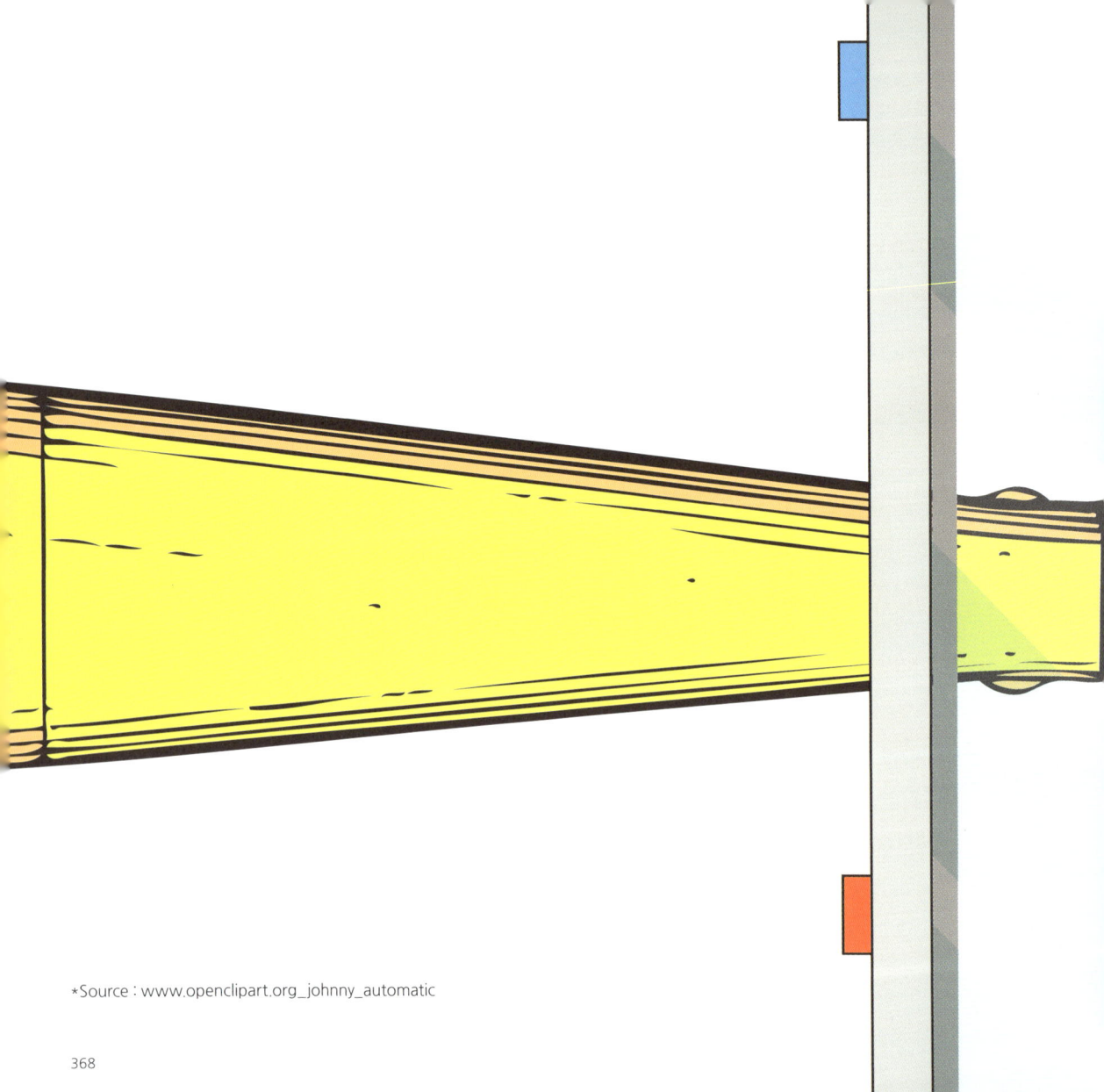

*Source : www.openclipart.org_johnny_automatic

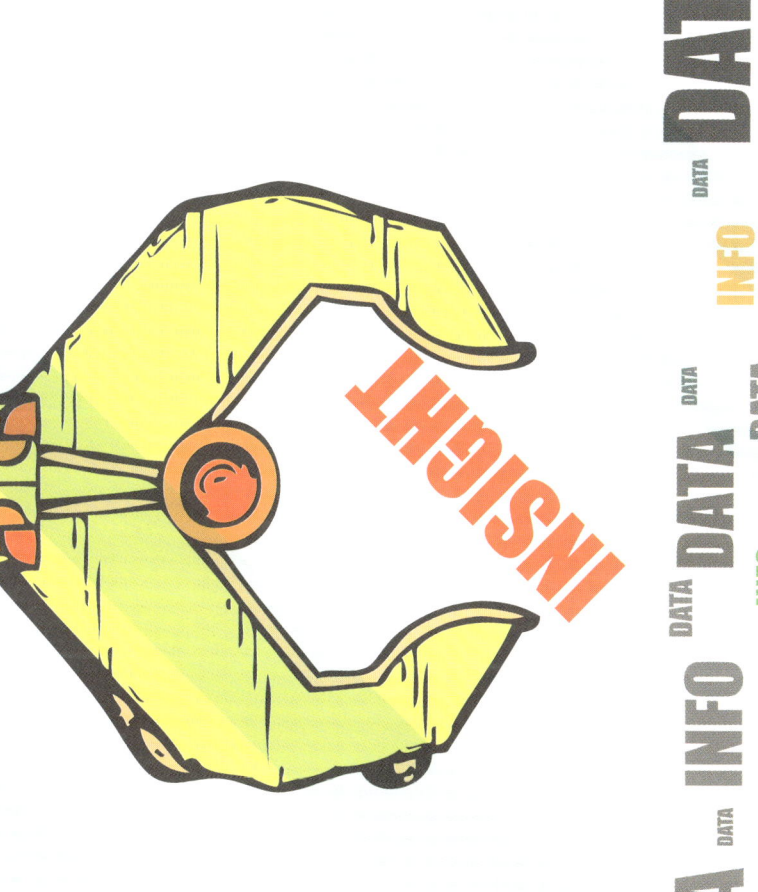

투명한 나라, 불투명한 나라

국제 투명성기구 부패 인식 지수(CPI) 2012

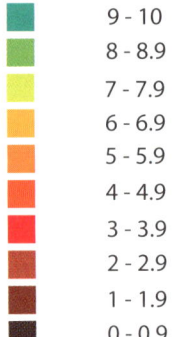

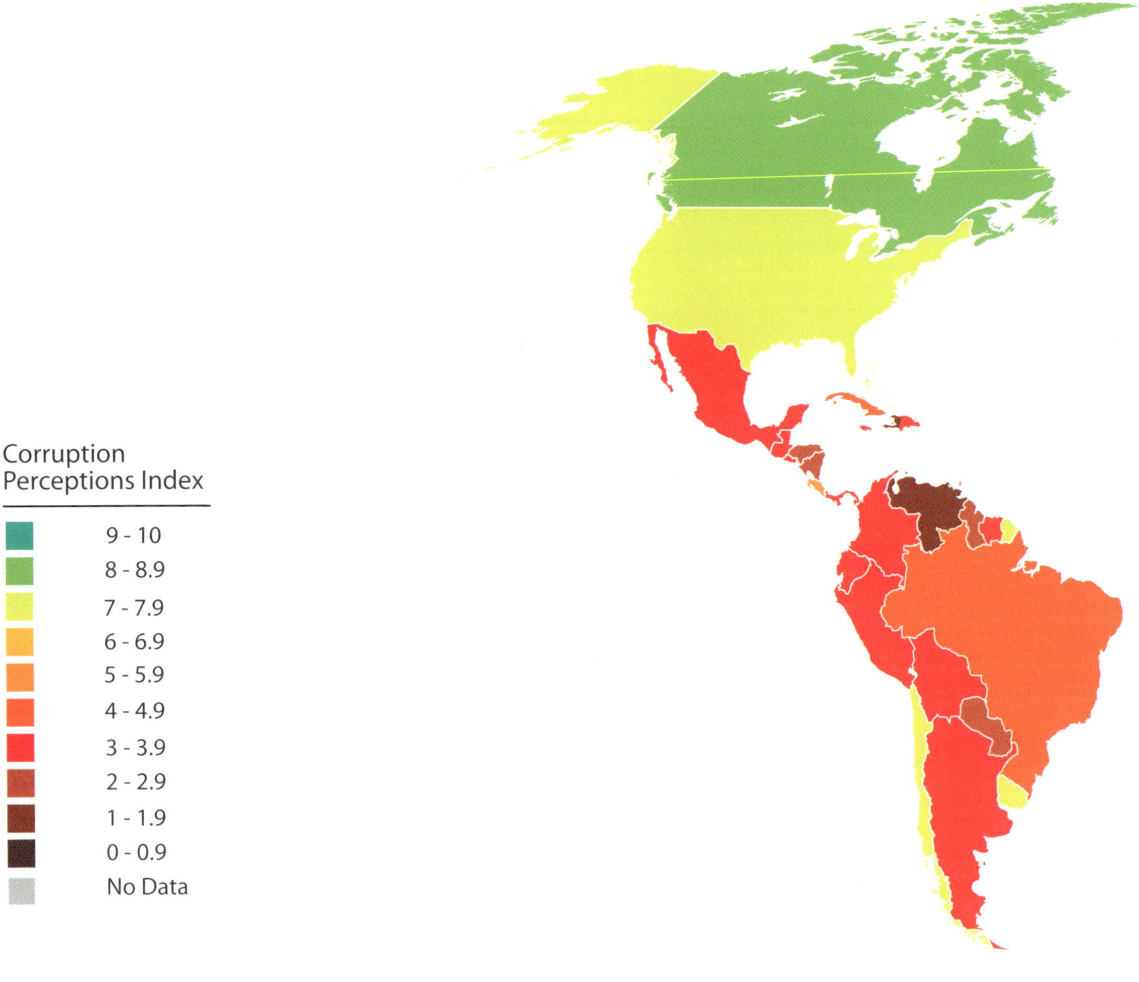

Corruption Perceptions Index

- 9 - 10
- 8 - 8.9
- 7 - 7.9
- 6 - 6.9
- 5 - 5.9
- 4 - 4.9
- 3 - 3.9
- 2 - 2.9
- 1 - 1.9
- 0 - 0.9
- No Data

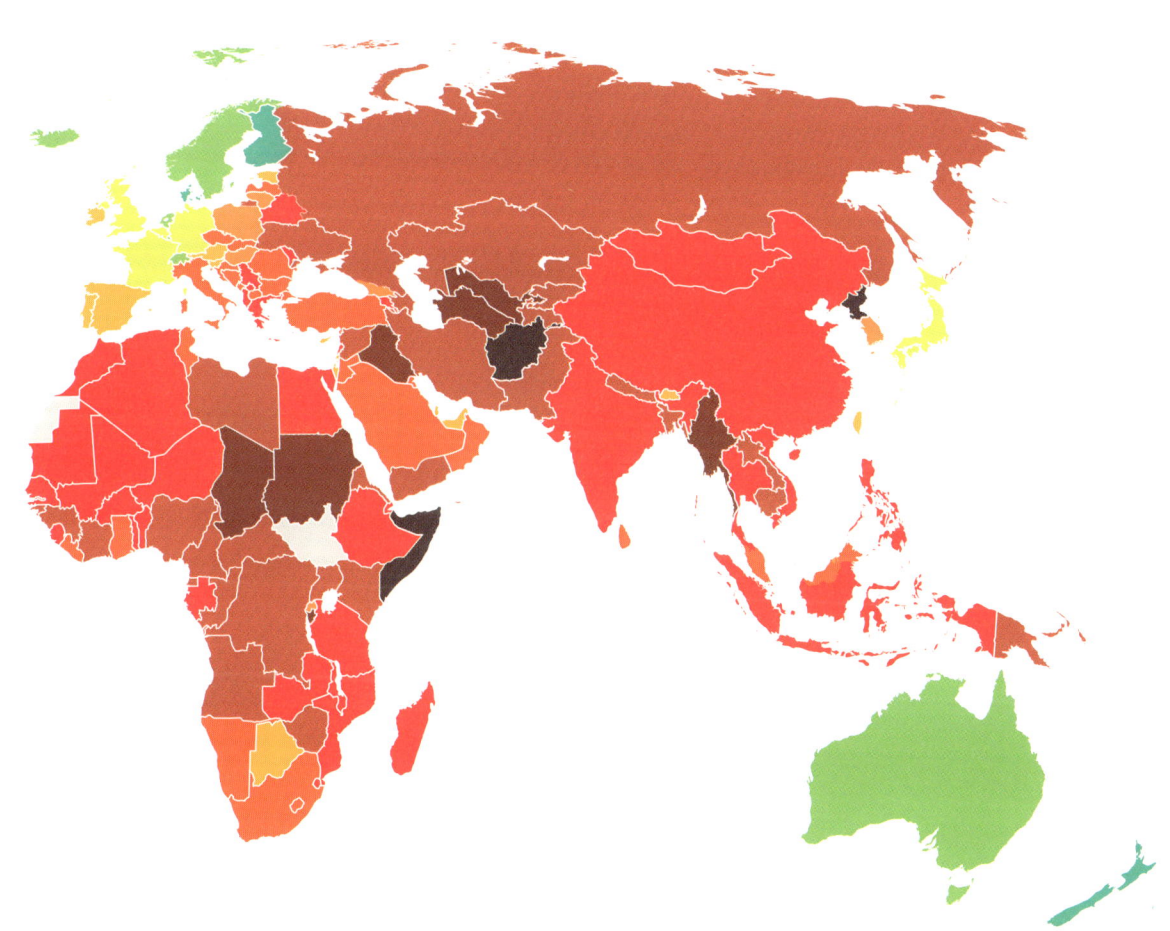

*Source : www.transparency.org
www.wikimedia.org

CORRUPTION PERCEPTIONS INDEX 2012

Rank	Country	Score
1	Denmark	90
1	Finland	90
1	New Zealand	90
4	Sweden	88
5	Singapore	87
6	Switzerland	86
7	Australia	85
7	Norway	85
9	Canada	84
9	Netherlands	84
11	Iceland	82
12	Luxembourg	80
13	Germany	79
14	Hong Kong	77
15	Barbados	76
16	Belgium	75
17	Japan	74
17	United Kingdom	74
19	United States	73
20	Chile	72
20	Uruguay	72
22	Bahamas	71
22	France	71
22	Saint Lucia	71
25	Austria	69
25	Ireland	69
27	Qatar	68
27	United Arab Emirates	68
29	Cyprus	66

Country	Value	Country	Value
Estonia	64	Dominica	58
Bhutan	63	Poland	58
Portugal	63	Malta	57
Puerto Rico	63	Mauritius	57
Saint Vincent and the Grenadines	62	Korea (South)	56
Slovenia	61	Brunei	55
Taiwan	61	Hungary	55
Cape Verde	60	Costa Rica	54
Israel	60	Lithuania	54

Country	Value	Country	Value
Rwanda	53	Turkey	49
Georgia	52	Cuba	48
Seychelles	52	Jordan	48
Bahrain	51	Namibia	48
Czech Republic	49	Oman	47
Latvia	49	Croatia	46
Malaysia	49		

32	33	33	33	36	37	37	39	39	41	41	43	43	45	46	46	48	48	50	51	51	53	54	54	54	58	58	58	61	62

Rank	Country
62	Slovakia — 46
64	Ghana — 45
64	Lesotho — 45
66	Kuwait — 44
66	Romania — 44
66	Saudi Arabia — 44
69	Brazil — 43
69	FYR Macedonia — 43
69	South Africa — 43
72	Bosnia and Herzegovina — 42
72	Italy — 42
72	Sao Tome and Principe — 42
75	Bulgaria — 41
75	Liberia — 41
75	Montenegro — 41
79	Tunisia — 41
79	Sri Lanka — 40
80	China — 39
80	Serbia — 39
80	Trinidad and Tobago — 39
83	Burkina Faso — 38
83	El Salvador — 38
83	Jamaica — 38
83	Panama — 38
83	Peru — 38
88	Malawi — 37
88	Morocco — 37
88	Suriname — 37
88	Swaziland — 37
88	Thailand — 37

Colombia	Djibouti	Greece	India	Moldova	Mongolia	Senegal	Argentina	Gabon	Tanzania	Algeria	Armenia	Bolivia	Gambia	Kosovo	Mali	Mexico	Philippines	Albania	Ethiopia	Guatemala	Niger	Timor-Leste	Dominican Republic	Ecuador	Egypt	Indonesia	Madagascar	Belarus	Mauritania	Mozambique
36	36	36	36	36	36	36	35	35	35	34	34	34	34	34	34	34	34	33	33	33	33	33	32	32	32	32	32	31	31	31
94	94	94	94	94	94	94	102	102	102	105	105	105	105	105	105	105	105	113	113	113	113	113	118	118	118	118	118	123	123	123

Rank	Country	Value
123	Sierra Leone	31
123	Vietnam	31
128	Lebanon	30
128	Togo	30
130	Côte d'Ivoire	29
130	Nicaragua	29
130	Uganda	29
133	Comoros	28
133	Guyana	28
133	Honduras	28
133	Iran	28
133	Kazakhstan	28
133	Russia	28
139	Azerbaijan	27
139	Kenya	27
139	Nepal	27
139	Nigeria	27
139	Pakistan	27
144	Bangladesh	26
144	Cameroon	26
144	Central African Republic	26
144	Congo Republic	26
144	Syria	26
144	Ukraine	26
150	Eritrea	25
150	Guinea-Bissau	25
150	Papua New Guinea	25
150	Paraguay	25
154	Guinea	24
154	Kyrgyzstan	24

157	Cambodia	22
157	Tajikistan	22
160	Democratic Republic of the Congo	21
160	Laos	21
160	Libya	21
163	Equatorial Guinea	20
163	Zimbabwe	20
165	Burundi	19
165	Chad	19
165	Haiti	19
165	Venezuela	19
169	Iraq	18
170	Turkmenistan	17
170	Uzbekistan	17
172	Myanmar	15
173	Sudan	13
174	Afghanistan	8
174	Korea (North)	8
174	Somalia	8

CORRUPTION PERCEPTIONS INDEX 2012

Source : www.transparency.org

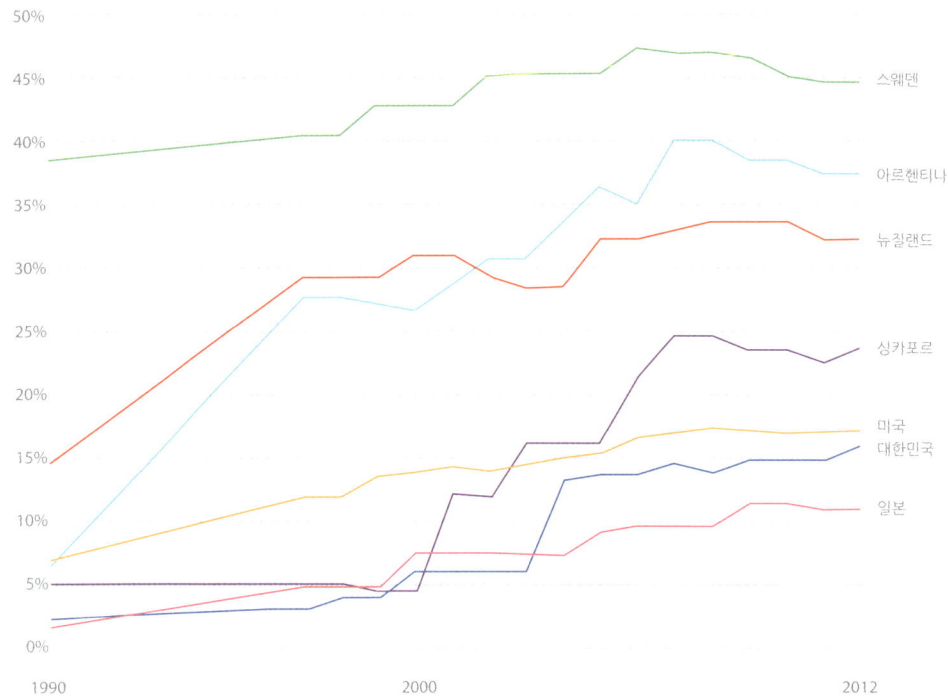

*Source : www.google.com/publicdata, 세계은행
국회의 여성 의원 비율(%)

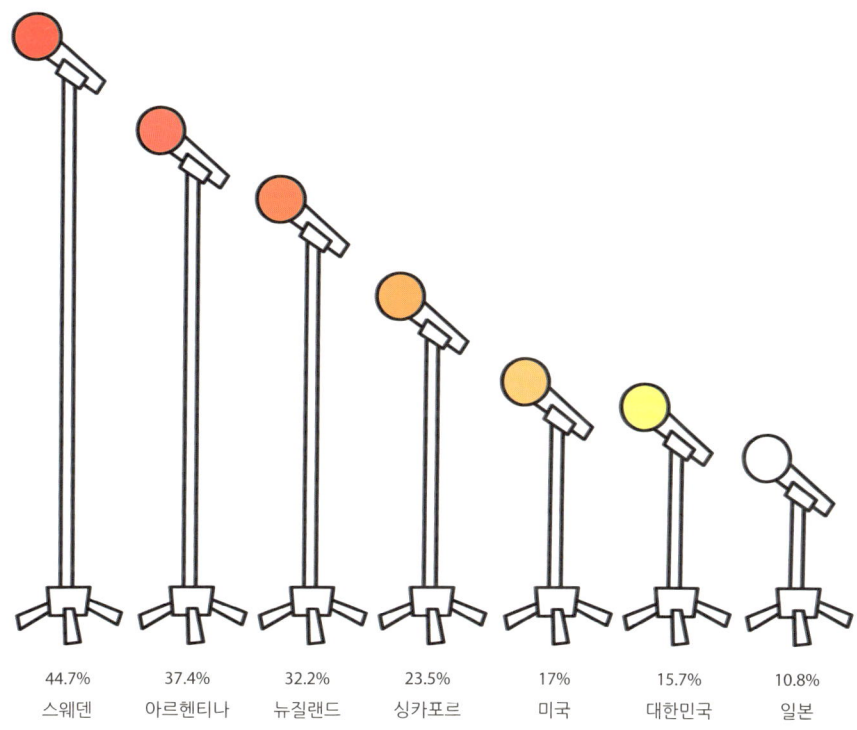

우리는 모두 평등한 존재입니다.
여성의 목소리가 더 필요합니다.
여성의 자리가 더 많아져야 합니다.

*Source : www.google.com/publicdata, 세계은행, 국회의 여성 의원 비율(%)
http://thenounproject.com

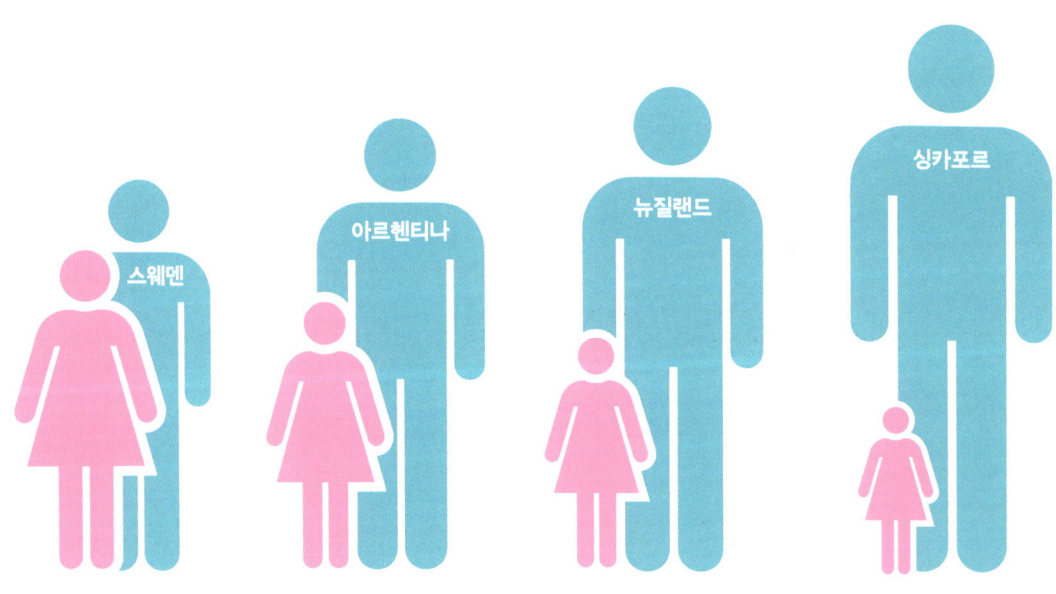

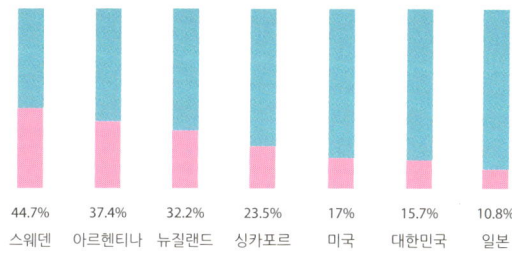

| 44.7% | 37.4% | 32.2% | 23.5% | 17% | 15.7% | 10.8% |
| 스웨덴 | 아르헨티나 | 뉴질랜드 | 싱가포르 | 미국 | 대한민국 | 일본 |

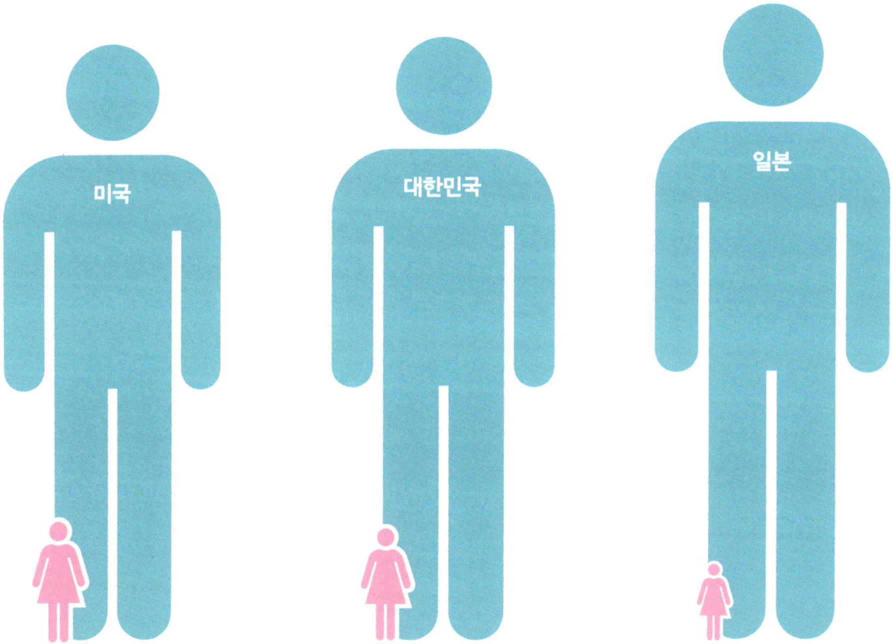

미국

대한민국

일본

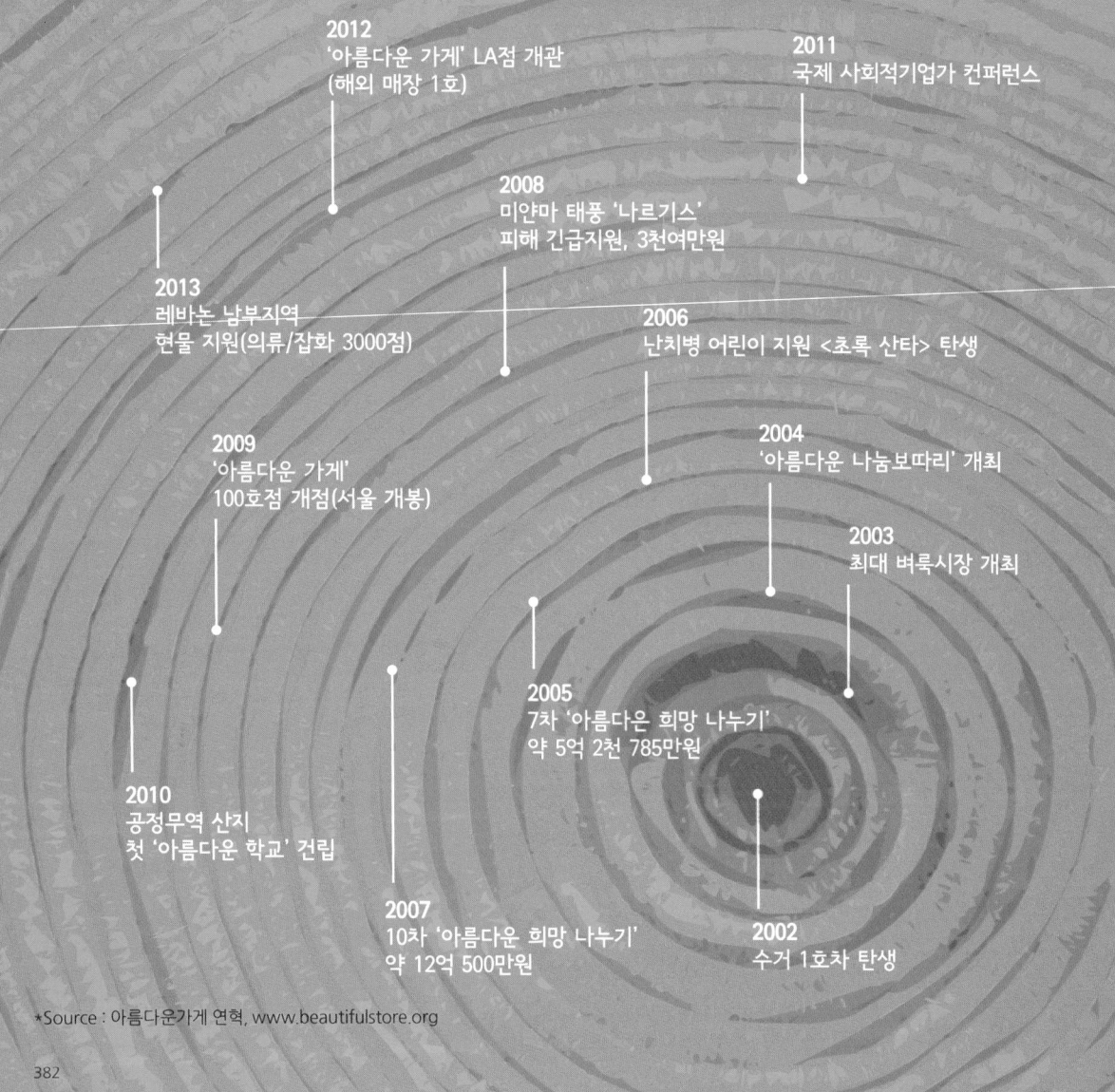

History

1998
우석진 김영란

1999
류병권 김현 김미리
정진일 한하민

2000
허성희 이해정 이호 허윤정
하용훈

2001
김주현 이미경 최하나
채종서 김영희 우다겸

2002
우지민 최재혁 장회수 전경수 이옥환
이경숙 이도원 김나영 우도희

2003
최광묵 강승남 강혜연
김은주 주정돈 정현순

2004
남현우 강하늘 최정아
김선영 박병선

2005
하계현 고현지 최영경 김미숙
임승미 정문희 남현우

2006
박용준 변명환 장미회
윤미자 이상훈

2007
김효정 송용호 신재철 신현호
나형준 김윤서 이혜영 최선화 이권재
이동호 이길우 김삼환

2008
전재백 정연금 차성봉 이기정
고돈섭 이은주 최윤희

2009
이승철 전상무 이상익 고희연 한성욱

2010
송윤숙 김정철 전재화
권혁주 김규리 남충희

2011
배준오 손우익 박민표
임재영 송원진

2012
남석현 류채연 이희정 민웅기
박원규 김한웅

2013
민혜련 정윤미 이보삼 이미영
최병태 김용 김정화 김선희

*Source : 창립기념일 인포그래픽 아이디어 - 김평식

383

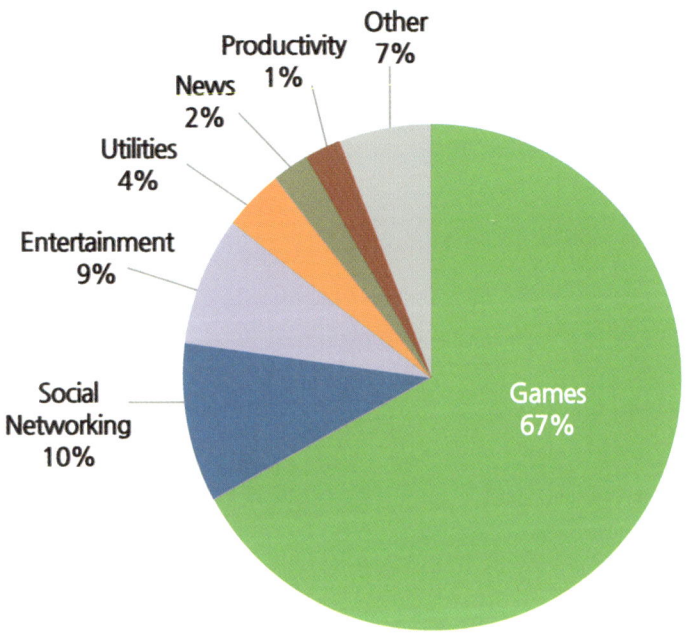

태블릿으로 보내는 시간(%)

비싼 게임기 하나 구입하실래요?

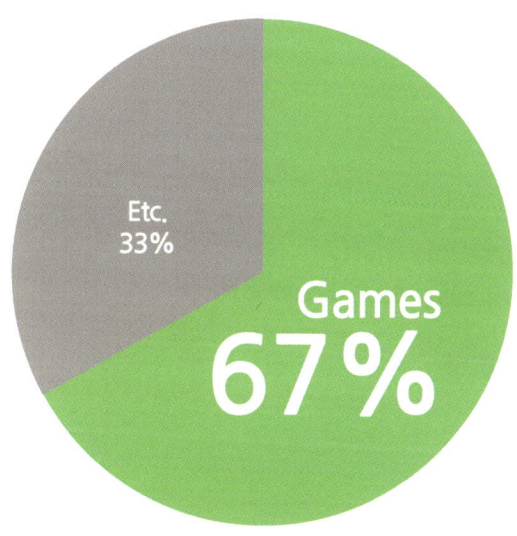

태블릿으로 보내는 시간(%)

*Source : Flurry Analytics, sep 2012

태블릿 제과점 쿠키의 비밀

GAMES 67%

Etc 33%

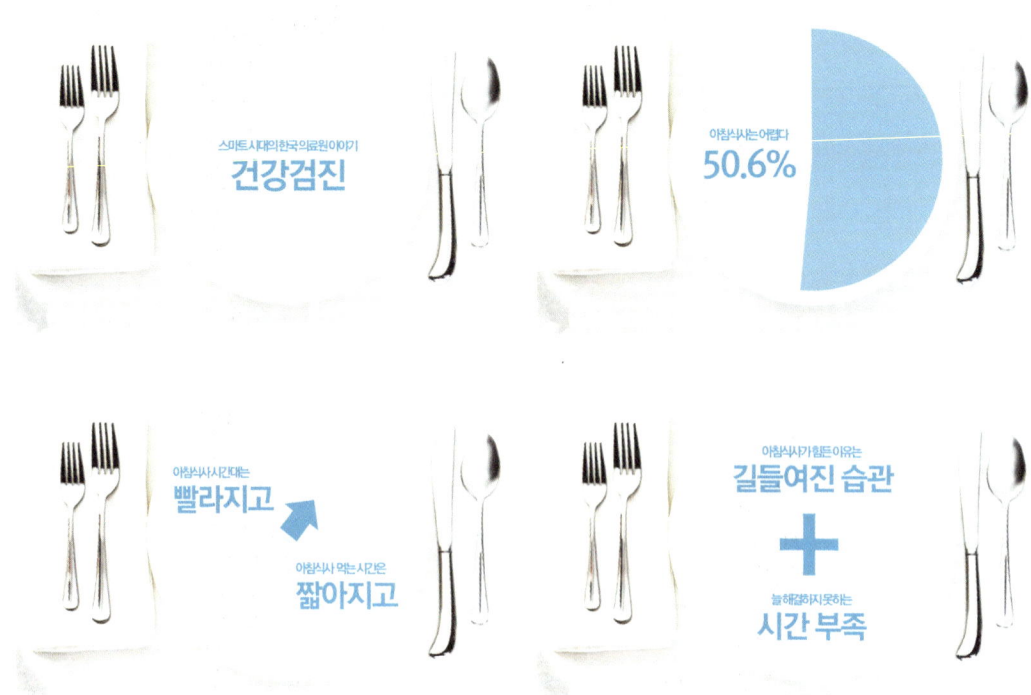

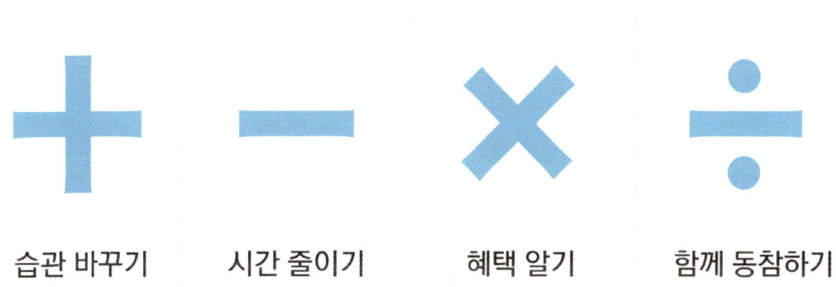

스마트폰을 구매하는 가장 큰 이유는
사용성 + 호기심 + 과시성

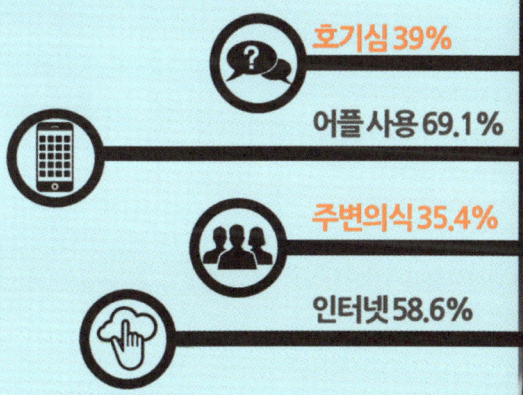

호기심 39%
어플 사용 69.1%
주변의식 35.4%
인터넷 58.6%

스마트폰 생활백서

② 스마트폰을 구매하는 결정적 요인은?

*Source : www.thenounproject.com

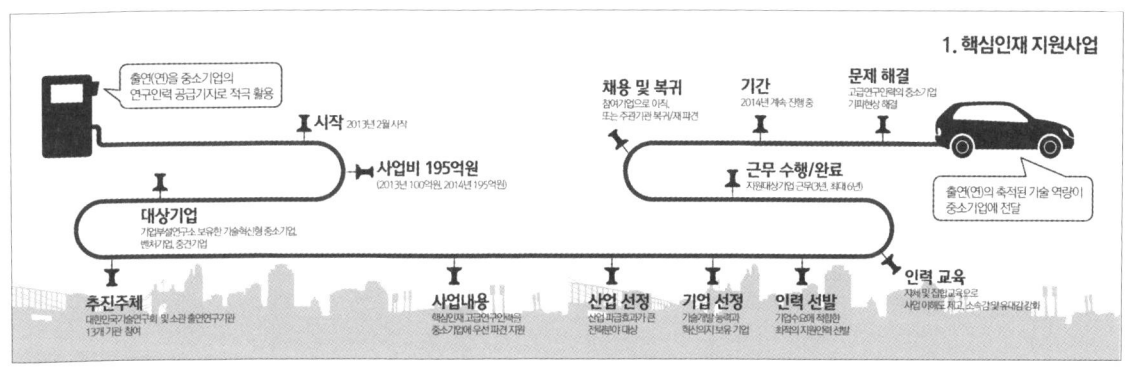

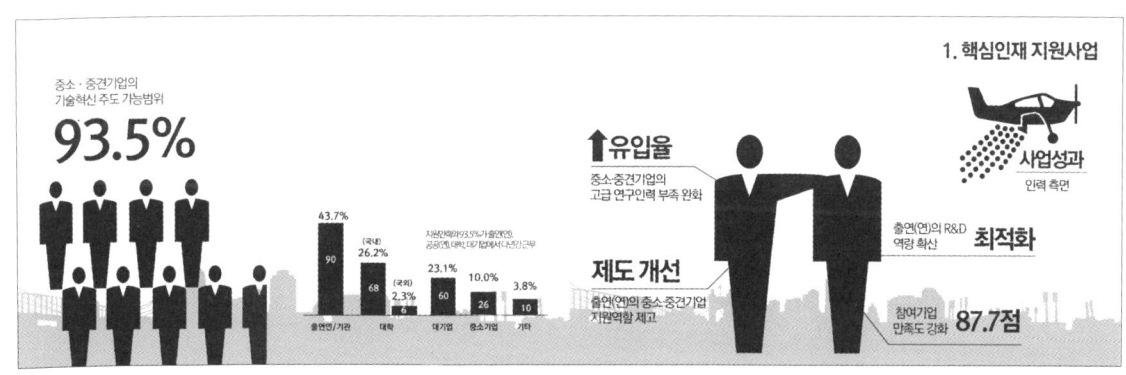

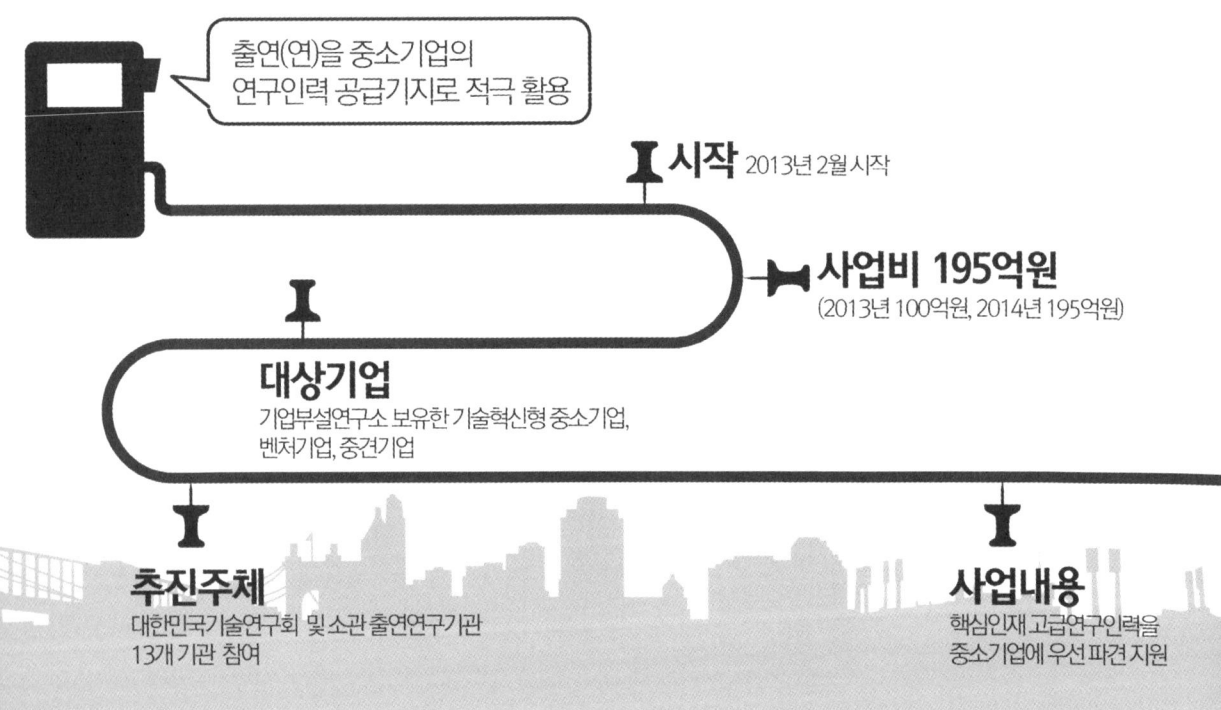

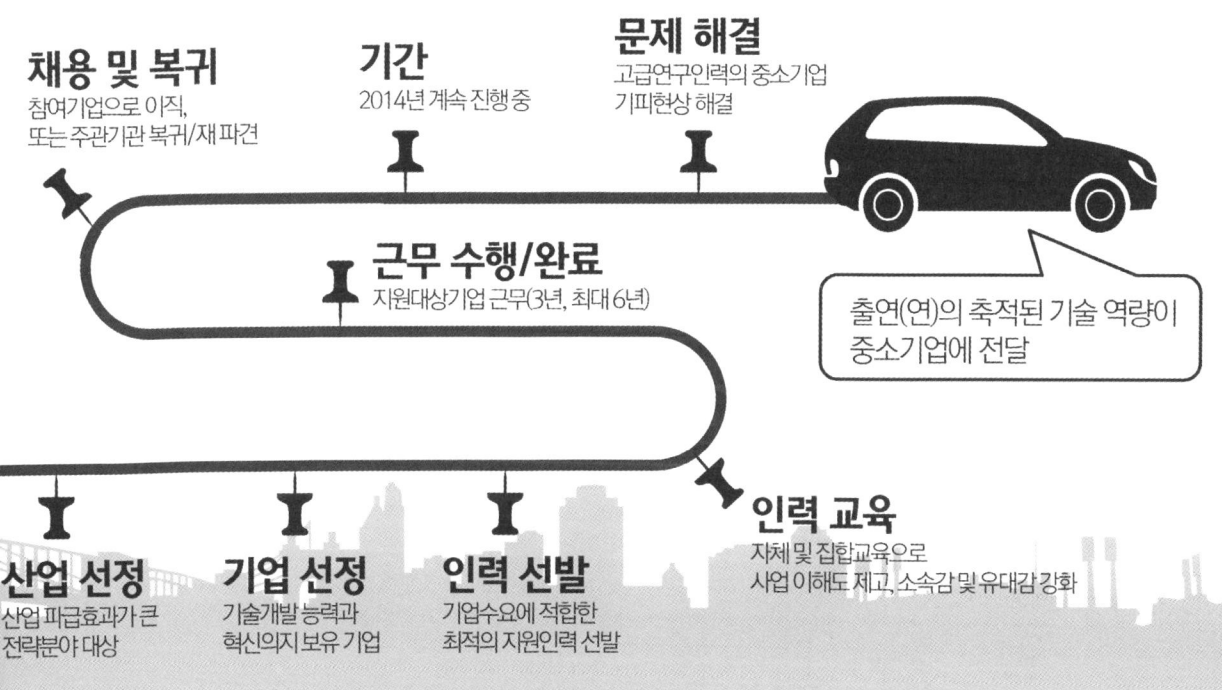

중소·중견기업의
기술혁신 주도 가능범위

93.5%

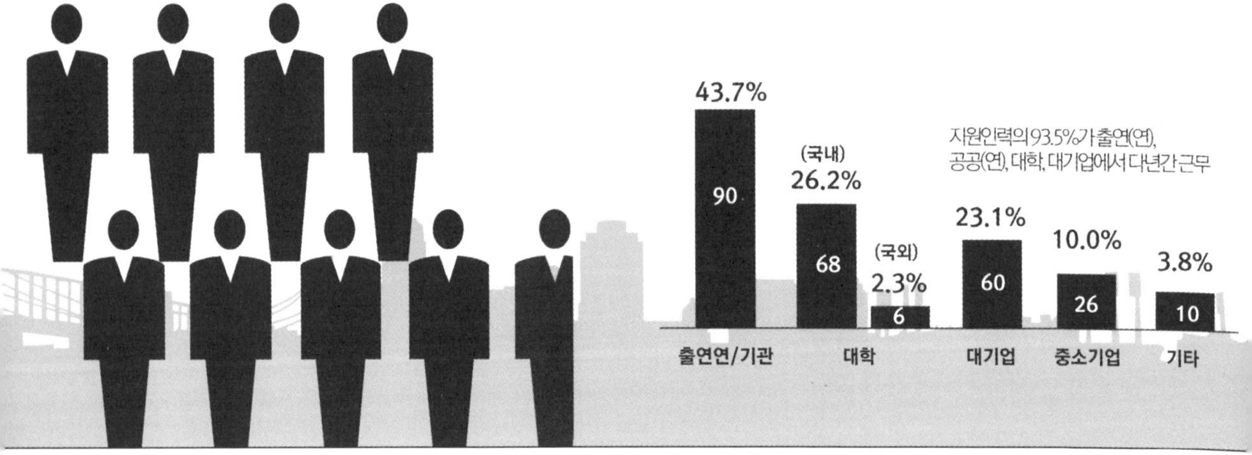

43.7%
90
출연연/기관

26.2% (국내)
68
대학

2.3% (국외)
6

23.1%
60
대기업

10.0%
26
중소기업

3.8%
10
기타

지원인력의 93.5%가 출연(연), 공공(연), 대학, 대기업에서 다년간 근무

1. 핵심인재 지원사업

사업성과
인력 측면

↑유입율
중소·중견기업의
고급 연구인력 부족 완화

출연(연)의 R&D
역량 확산 **최적화**

제도 개선
출연(연)의 중소·중견기업
지원역할 제고

참여기업
만족도 강화 **87.7점**

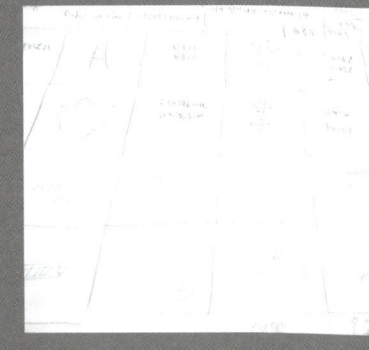

일/회/용

우리 주변을 돌아보면 일회용이 참 많습니다.
음식, 일, 정책, 사랑, 공부 모두 일회용이 넘쳐나고 있습니다.

당연히 '생각'도 일회용으로 단정하고 쓰고 버릴 수 있겠지만
직관들을 잘 기록해 놓는다면 훗날 사용할 수 있는 자산이 될 것입니다.

사람들은 물어봅니다. 어떻게 해야 생각을 잘 표현할 수 있느냐고…

여러분의 직관들을 버리지 마세요.
늘 관찰하고, 기록하고, 공유하세요.
인포그래픽을 위한 비주얼 씽킹이 풍성해질 것입니다.

- 책을 마감하며, 저자 우석진 -

도움받은 곳

네이버, 나눔체 www.naver.com

서울시, 남산체, 한강체 http://design.seoul.go.kr

문화체육관광부/대한인쇄문화협회, 바른돋움체, 바른바탕체 http://www.print.or.kr

오픈클립아트, 무료 클립아트 http://openclipart.org

The noun project, 무료/기부 픽토그램 http://thenounproject.com

Microsoft Office Online, 무료 클립아트 http://office.microsoft.com/en-us

iconmonstr, 무료 픽토그램 http://iconmonstr.com

wikipedia, 무료 SVG 파일 http://en.wikipedia.org

Google, 검색 www.google.com

이 책에 사용된 이미지는 저자가 직접 촬영하였습니다. 무료 클립아트는 출처와 업로더를 기재하였으며, 일부는 구입 및 기부를 통하여 사용권을 취하였습니다. 도움을 주신 분들께 감사드립니다.

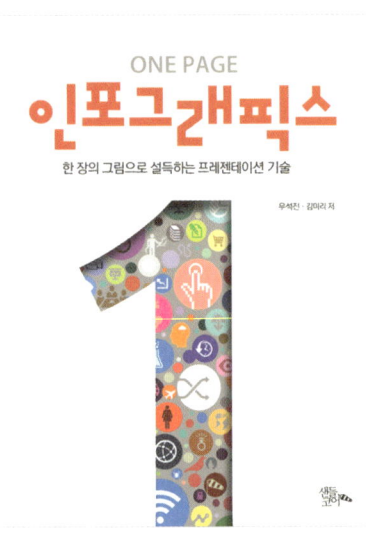

ONE PAGE 인포그래픽스
유형과 패턴으로 익히는 인포그래픽스 활용서!

한 장의 그림으로 설득하는 프레젠테이션 기술『ONE PAGE 인포그래픽스』. 디자인 비전공자도 손쉽게 인포그래픽스를 익힐 수 있도록, 다양한 실무 아이디어와 적용 방법을 제시한 책이다. 본문은 인포그래픽스의 다양한 제작 패턴과 방법론을 제시한다. 특히 일반적인 데이터를 가치 있는 정보로 바꾸거나 고객을 위한 콘텐츠로 새롭게 정의하는 방법과 단순화, 연상과 상징, 비교와 비유, 스토리 등의 인포그래픽 패턴을 적용하여 설득형 메시지를 전하는 노하우를 만나볼 수 있다. 더불어 기획자와 발표자에게는 인포그래픽스를 활용한 새로운 프레젠테이션 방법을 제시하는 유용한 안내서가 되어줄 것이다.

우석진/김미리 저, 샌들코어, 18,000원

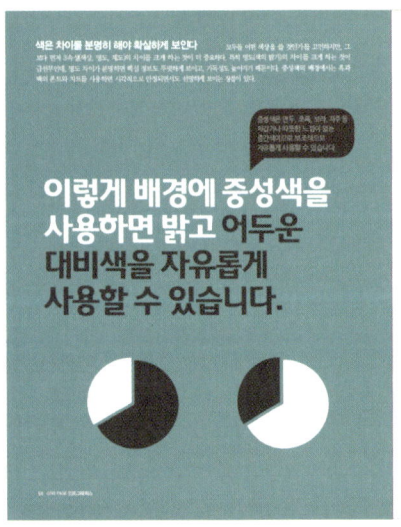
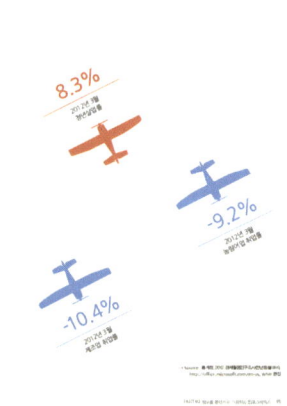
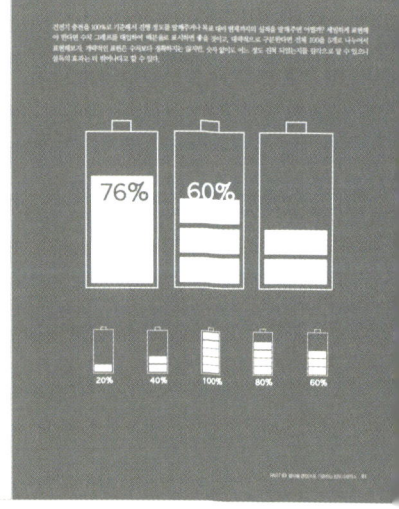

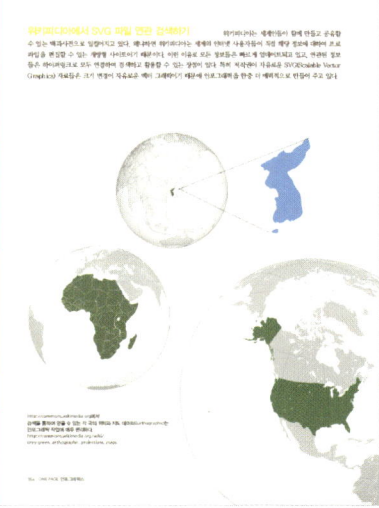

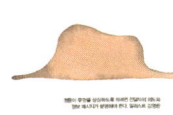

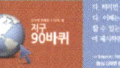

인포그래픽 비주얼 씽킹 교육 안내

인포그래픽 특강 — 기초
1일 1~3시간

실무 특강 형태로 인포그래픽에 대한 전반적인 이해와 함께 비즈니스에 필요한 비주얼 씽킹과 인포그래픽에 대한 이슈를 실무자들의 이해할 수 있는 사례 중심으로 구성됩니다.

- 주요내용 : 인포그래픽 이슈/트렌드, 비주얼 씽킹, 사례
- 교육형태 : 출강 및 과정 개설

인포그래픽 정규과정 — 특별
1일 8시간

국내 최초로 개설되어 가장 많은 교육생을 배출하고 있는 과정입니다. 디자인 비전공자도 쉽게 인포그래픽을 배울 수 있는 1일 과정으로 인포그래픽 제작 실무에 대한 능력을 학습할 수 있습니다.

- 주요내용 : 인포그래픽 설계, 비주얼 씽킹, 시각화 패턴
  Tool & Site, 제작 실습
- 교육기관 : 한겨레교육문화센터, 디큐브아카데미

KG패스원
www.insightclass.co.kr

디큐브아카데미
www.dcubeacademy.com

한겨레교육문화센터(신촌)
www.hanter21.co.kr

한국인터넷전문가협회
www.kipfa.or.kr

ONE PAGE 인포그래픽 실무 과정 — 마스터

2일 16시간

* 고용보험환급 대상

비즈니스 업무에 최적화된 인포그래픽 결과물을 빠르게 완성하고 리뉴얼하는 과정으로 코칭, 클리닉을 통하여 효율성 높은 인포그래픽 실무 능력을 마스터할 수 있습니다.

- 주요내용 : 인포그래픽 설계, 비주얼 씽킹, 시각화 패턴
  Tool & Site, 그래픽 실무, 제작 실습, 클리닉
- 교육기관 : KG패스원, 한겨레교육문화센터, 인터넷전문가협회

인포그래픽 기업 출강 및 과정 개설 문의 : www.wooseokjin.com, 2tokki@gmail.com
도서 문의 : 샌들코어 t 02-569-8741, f 02-6442-5013, www.sandalcore.com